健身解剖图解501

普拉提训练

主　编　［美］Audra Avizienis
主　审　丁自海
主　译　徐　刚

山东科学技术出版社

图书在版编目（CIP）数据

健身解剖图解501. 普拉提训练 /（美）奥德拉·阿维耶尼斯（Audra Avizienis）主编；徐刚主译. —济南：山东科学技术出版社，2020.7

ISBN 978-7-5723-0303-6

Ⅰ. ①健… Ⅱ. ①奥… ②徐… Ⅲ. ①健身运动–图解 Ⅳ. ① G883-64

中国版本图书馆 CIP 数据核字(2020) 第073707号

Created by Moseley Road Inc.
Cover Designer: Sam Grimmer
Prepress: Splitting Image
Production Director: Adam Moore
Designer: Tina Vaughan
Photographer: Naila Ruechel
Author: Audra Avizienis

健身解剖图解 501：普拉提训练

JIANSHEN JIEPOU TUJIE 501: PULATI XUNLIAN

责任编辑：冯　悦
装帧设计：李晨溪

主管单位：山东出版传媒股份有限公司
出 版 者：山东科学技术出版社
地址：济南市市中区英雄山路 189 号
邮编：250002　电话：（0531）82098088
网址：www.lkj.com.cn
电子邮件：sdkj@sdcbcm.com
发 行 者：山东科学技术出版社
地址：济南市市中区英雄山路 189 号
邮编：250002　电话：（0531）82098071
印 刷 者：山东彩峰印刷股份有限公司
地址：潍坊市福寿西街 99 号
邮编：261031　电话：（0536）8216157

规格：16 开（170mm × 240mm）
印张：12　**字数：**176 千　**印数：**1~3000
版次：2020 年 7 月第 1 版　2020 年 7 月第 1 次印刷
定价：59.80 元

主　审　丁自海

主　译　徐　刚

译　者（以姓氏笔画为序）

王建设　河南师范大学

孙宝植　北京体育大学

邵庆钰　北京体育大学

徐　刚　北京体育大学

校　对　李艳叶　新乡学院

前言

身心健康

普拉提练习将带你开始一段更强、更完美的身体精神之旅。任何年龄的人都可以练习普拉提并享受这种独特的身心锻炼方式带来的好处。普拉提是一种低冲击力的运动形式，可以强壮身体，改善灵活性和平衡性。普拉提采用深呼吸以及缓慢、精确的动作，与身体、心灵和精神相互作用。无论你是在家中的垫子上还是在健身房的器材上进行练习，都会感受到普拉提锻炼带来的精力充沛的效果。

历史

创始人约瑟夫·普拉提（Joseph Pilates）于1883年出生于德国杜塞尔多夫附近的小镇。年少时，他患有哮喘、佝偻病和风湿热，并因其希腊名字和瘦小身材而受到欺凌。年轻的普拉提决心克服他的身体缺陷。他受到从事自然疗法的母亲和体操运动员父亲的启发，自学了解剖，并练习瑜伽、体操和武术。他着迷于古希腊的完美人体。14岁时，普拉提通过模仿训练书籍中的解剖学插图练习，身体已经十分健康。

1912年，普拉提移民英格兰，在那里做过职业拳击手、马戏表演者，扮演过希腊雕像。在第一次世界大战期间，普拉提被迫进入一个外国居民的拘留营。在那里，他开发了第一个系列练习，现在称为普拉提垫上运动。在第二次拘留期间，普拉提在马恩岛担任卧床患者的护士兼物理治疗师。他决定恢复这些人的健康，于是他使用少量的道具巧妙地设计了有用的运动器材：床架和床垫弹簧。带有滑轮和阻力弹簧的原始床状结构是普拉提器械的基本设计，如普拉提床。与普遍的看法相反，普拉提认为卧床休息不利于一个人的健康。事实上，当一种恶性流感病毒折磨被拘禁者时，所有练习普拉提

的患者都得以幸免。普拉提深信健康和身体运动的关键是一种平衡身心的锻炼方式，并将这一概念融入他称之为“控制术”的锻炼系统中。

战争结束后，普拉提回到德国，进一步完善了他的运动方法，并与舞蹈者和运动员合作。1923 年，他拒绝了训练德国军队的邀请。普拉提启航前往美国，并在航行期间遇见了他未来的妻子——克拉拉。约瑟夫和克拉拉在纽约定居，在纽约市芭蕾舞团隔壁开设了一个控制术工作室。他们的健身计划迅速吸引了精英舞者和表演者，这些舞蹈者、演员寻求对身体冲击小的锻炼，以提高他们的力量、平衡和协调性。普拉提的客户包括著名舞蹈家和女演员。约瑟夫和克拉拉的教学工作持续了 40 多年。

普拉提逐渐从精英表演者的锻炼方法演变为全球性的锻炼方法。现在，仅美国就有近 1 000 万人练习普拉提。

锻炼方法

现代普拉提教练从约瑟夫·普拉提的原始教义中提炼出 6 个指导原则。以下是这本书要教授的普拉提的基本概念。

控制

普拉提的核心前提是精神控制身体。普拉提练习应该以同步的方式从头到脚流动：正确地固定身体，调整脊柱，正确呼吸，与腹部结合以及激活相应的肌肉。通过训练你的思维来仔细地执行每项运动，你不太可能受伤或对关节和肌肉造成压力。毫不意外的是，物理治疗师经常借用普拉提的练习来帮助患者恢复生活。

核心

在普拉提练习中，所有运动都起源于身体的核心。核心肌肉是力量、稳定性和能量的主要来源。通过有意识地正确使用“能量高”的肌肉，自胸部下方的区域向下到骨盆底部，所有次级肌肉都能更顺畅地运动。中心肌肉还需要沿脊柱正确对齐，以帮助改善姿势和平衡，并在身体两侧均匀地增强肌肉力量。

呼吸

几个世纪以来，瑜伽和太极拳等健身学科采用有目的的呼吸来放松。约瑟夫·普拉提认为大多数人呼吸效率低的原因，主要是从肺上部进行浅呼吸。他的方法需要深度胸式呼吸，主要沿肋骨的肋间肌向外扩展。与下部膈肌呼吸方式不同，胸式呼吸可使腹部肌肉在运动时保持收缩和稳定。

胸式呼吸的另一个好处是它将氧气吸入肺下叶，最有效地将氧气运送到血液里。胸式呼吸还可以改善胸部、脊柱和肩胛骨的活动性。

要练习胸式呼吸，首先躺在地板上，膝部弯曲，头部支撑，将手放在胸部，用中指接触。

通过用鼻深吸气，专注于将胸腔扩展到两侧和背部。当你的上胸部、肩部和下腹部保持静止时，指尖应该分开。

普拉提也有特定的呼吸模式。通常，先吸气以准备锻炼并在肌肉收缩期间呼气。在经典的 100 次运动中，你可以调节呼吸以协调运动，在呼气和吸气的同时摆动手臂。

专注

身心联系是普拉提的基础。在准备时设想过程，专注于正确呼吸。专注于正确的身体姿势，并认真执行每个练习。你的思想应该与经验完全联系起来。

精确

普拉提练习以缓慢而深思熟虑的方式进行精确动作。以正确的顺序激活所有相关肌肉，以便从每次锻炼中获得最大益处。在普拉提练习中，进行锻炼的质量远比重复次数重要。

流畅

像舞蹈者或体操运动员一样优雅地运动练习，平滑、均匀的动作与你的呼吸同步。避免可能导致伤害的不稳定运动。从一个运动流畅地移动到下一个运动。

核心肌肉

核心肌肉是身体能量、稳定性和力量的保障。约瑟夫·普拉提创造的这个术语，指的是腰椎间盘周围的肌肉，以及从肚脐到骨盆底和躯干周围。他认为，开发这种骨盆“力量腰带”可以改善姿势、平衡和呼吸。

居家或健身房锻炼

在家中锻炼提供了私人空间，可以设置自己的日程安排。你不需要很多锻炼空间，只需要一个干净安静的角落。练习时，镜子有助于观察自己的表现。在家中你可以听轻松的音乐或在附近放置鼓舞人心的物品。但是，在家锻炼不适合所有人，因为它需要自我激励。如果空间有限，你也可以只在垫子上练习。

为了增加垫上练习的类型，你可以补充一些普拉提道具。健身球非常适合发展平衡和关节稳定性。魔力圈或阻力环是用于手臂和腿部按压的普拉提辅助器械。阻力带也是多功能的锻炼道具，可以增强肌肉的力量。

如果你是初学者，请考虑先参加几门课程，并与可以帮助你完善动作姿态的专业教练合作。普拉提工作室在垫类和器械类能提供更多系统化的锻炼。鉴于大多数普拉提器械的体积庞大，如果你对器械锻炼感兴趣，工作室课程可能是你唯一可行的选择。

由于有身体训练的内置提示，这些普拉提器械可以吸引初学者：许多机器有肩垫、枕头和足杆做引导。弹簧和滑轮的额外阻力也增加了锻炼的强度。

无论你喜欢哪种类型的普拉提，垫上训练还是器械训练，你都会很快发现身体的变化：更强、更圆滑的肌肉，清晰的躯干和更平静的心态。

与任何新的健身方案一样，如果你有任何运动损伤或健康问题，请咨询医生。这本书中的 501 项练习包含经典的普拉提练习，例如百次击打、上体滚曲、双腿盘旋以及多年来发展的数十种变体。约瑟夫·普拉提曾经说过，“身体健康是幸福的第一要素”，所以现在开始享受锻炼吧！

普拉提术语

脊柱分节运动 / 松动脊柱关节：一次移动一个椎骨以激活脊柱并提高灵活性。类似术语包括“卷曲”和“滚动”。

C 形弯曲：背部弯曲，形成从头部到尾骨的 C 形弯曲，腹部凹陷。

肚脐拉向脊柱：来自约瑟夫 · 普拉提的经典提示，将腹部肌肉上提拉向脊柱。最好在呼气时进行以稳定躯干。

中立位置：下背部略微弯曲，以避免背部拉伤。

对立能量 / 双向能量：向相反方向施加能量。例如，通过同时向头顶拉动并用足向下压，或者将臂伸向两侧，远离躯干，并通过指尖释放能量来延伸脊柱。

普拉提姿势：足跟并拢，足趾外旋 45°，两足呈 V 形。足外旋起于臀部，并动用深层腰肌（连接脊柱和腿部的唯一肌肉），该姿势也称为 V 形位或 V 形足。

平行姿势：髋关节腿部位置直接位于膝部和足踝上方。两足相距约 15 cm。

肋骨突出：肋骨向外突出往往会破坏躯干的稳定性并使背部过度弯曲。

紧收腹肌：上提深层腹肌，以稳定身体并支撑背部。通过提升胸廓和延伸脊柱来协助运动。

肩胛下沉：通过向下或向背部拉肩胛骨来放松肩部。该动作也可打开胸腔。

堆叠：身体不同部位的排列，如椎骨的有序排列——“脊柱堆叠”，或者髋部位于膝部和足踝正上方。

桌面位：仰卧位的常见腿部位置。膝部屈曲 90°，在髋部正上方，胫骨平行于地面。

压缩腹肌：压缩腹肌的视觉效果好像拉紧一条紧身牛仔裤一样。

人体解剖

* 为深层肌肉

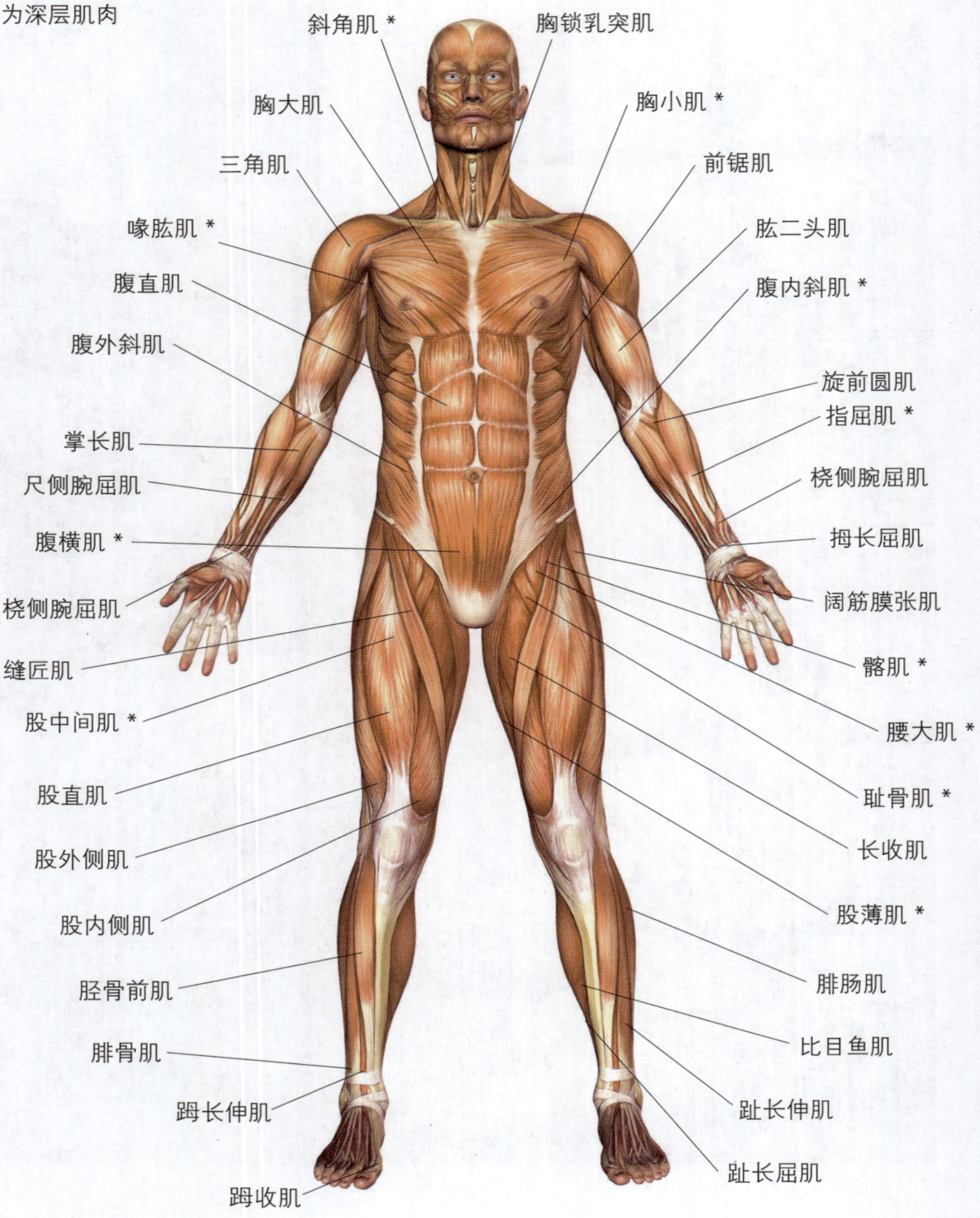

斜角肌 *
胸锁乳突肌
胸大肌
胸小肌 *
三角肌
前锯肌
喙肱肌 *
肱二头肌
腹直肌
腹内斜肌 *
腹外斜肌
旋前圆肌
指屈肌 *
掌长肌
尺侧腕屈肌
桡侧腕屈肌
腹横肌 *
拇长屈肌
桡侧腕屈肌
阔筋膜张肌
缝匠肌
髂肌 *
股中间肌 *
腰大肌 *
股直肌
耻骨肌 *
股外侧肌
长收肌
股内侧肌
股薄肌 *
胫骨前肌
腓肠肌
比目鱼肌
腓骨肌
趾长伸肌
蹞长伸肌
趾长屈肌
蹞收肌

* 为深层肌肉

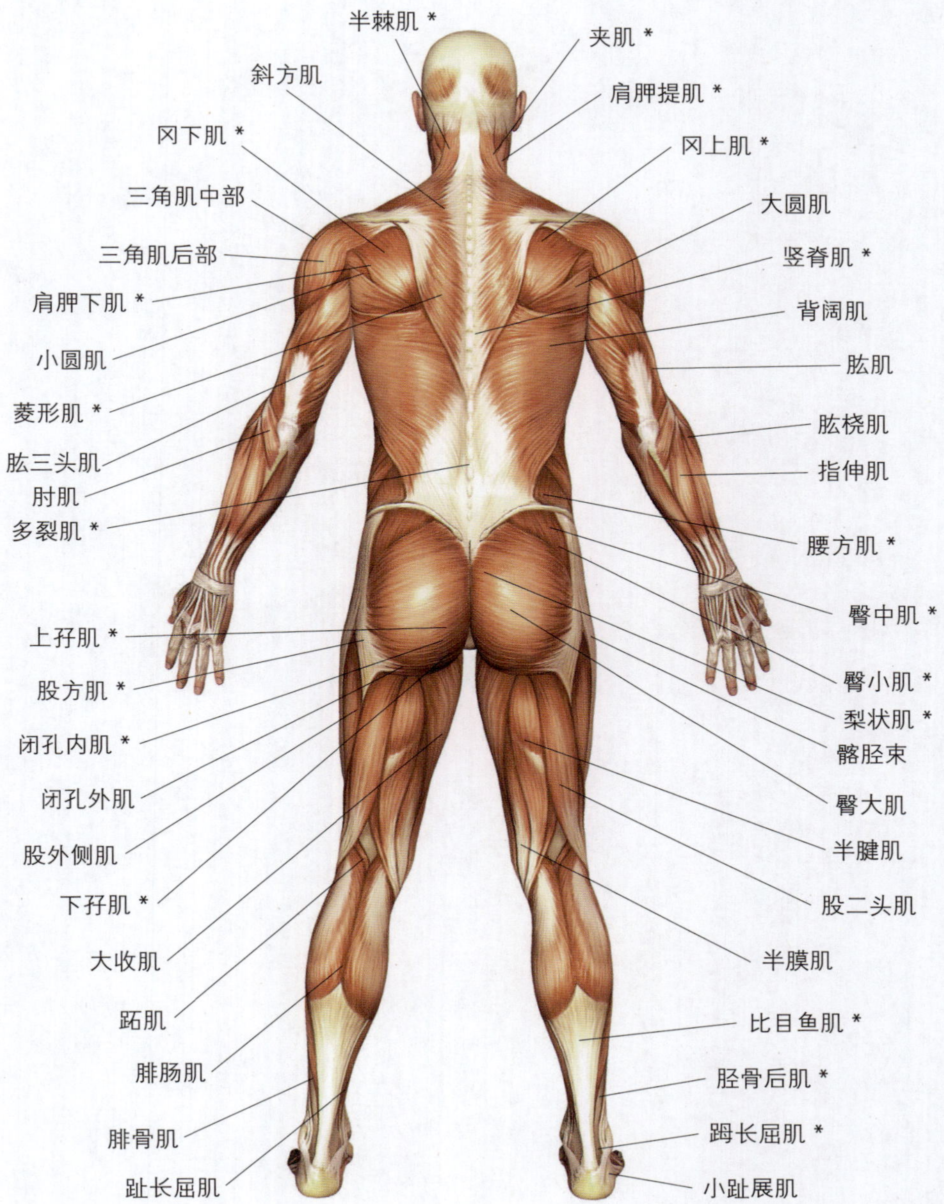
半棘肌 *
夹肌 *
斜方肌
肩胛提肌 *
冈下肌 *
冈上肌 *
三角肌中部
大圆肌
三角肌后部
竖脊肌 *
肩胛下肌 *
背阔肌
小圆肌
肱肌
菱形肌 *
肱桡肌
肱三头肌
指伸肌
肘肌
多裂肌 *
腰方肌 *
臀中肌 *
上孖肌 *
臀小肌 *
股方肌 *
梨状肌 *
闭孔内肌 *
髂胫束
闭孔外肌
臀大肌
股外侧肌
半腱肌
下孖肌 *
股二头肌
大收肌
半膜肌
跖肌
比目鱼肌 *
腓肠肌
胫骨后肌 *
腓骨肌
踇长屈肌 *
趾长屈肌
小趾展肌

目录

第一章

垫上训练

普拉提垫上练习是一种较理想的训练方式，可以改善你的姿势、协调和平衡能力。当你进行垫上训练时，尽量用每个动作所涉及的肌肉和关节，并保持身体的其余部分不动。你将更清晰地意识到关节和肌肉是如何协同工作来完成特定动作的。流畅地完成每一步动作，像舞蹈者一样，从一步到下一步。专注于深度胸式呼吸，这样你就可以在整个运动过程中锻炼腹肌。在锻炼过程中，有意识地将呼吸与精确、流畅的动作相结合，你将获得更深层次的身心认知和持久的健康益处。现在铺开垫子，开始训练吧！

“耐心和坚持是任何有价值的努力最终取得成功的重要品质。”

——约瑟夫·普拉提

001

脊柱伸展——向前

正确姿势

从头部到尾骨沿脊柱形成 C 形曲线。吸气时，胸廓向外扩张。

注意

不要移动骨盆位置，避免膝部内翻。

脊柱向前伸展是一项很棒的初级练习，可以提高脊柱和股后肌群的柔韧性。

当你进行这种简单的伸展运动时，在身体缓慢前屈过程中注意逐节活动脊椎关节。横向呼吸时保持腹肌参与运动。

如果股后肌群紧张，可以卷一条毛巾垫在臀部下方以方便拉伸。

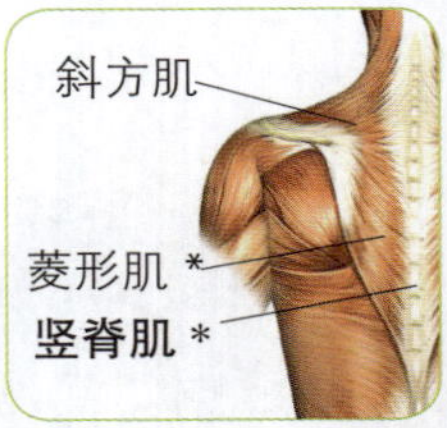

注释
粗体字表示目标肌肉
黑体字表示其他工作肌肉
* 表示深层肌肉

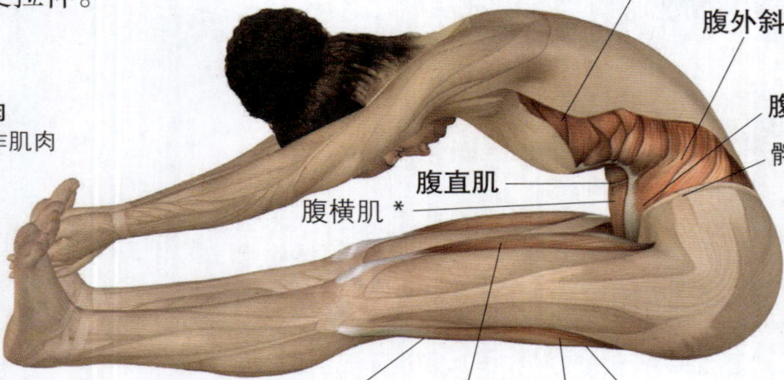

- 坐姿，上身正直，双腿前伸，双足分开与髋同宽，背屈。吸气的同时将手掌放在髋部两侧。
- 呼气，同时将头颈部、上背部向前弯曲。手臂前伸，掌心朝上，努力去触碰足尖，保持 30 秒或更长的时间。
- 呼气，缓慢恢复至最初的坐位。

002 脊柱伸展——前伸

这个简单的拉伸动作是牵拉肩胛骨远离背部的很好的练习，比耸肩或拉紧颈部要好得多。

- 坐位，双腿前伸，双足与髋部同宽。足背屈，双臂上举过头，掌心相对，呈一条直线。吸气，准备。
- 呼气的同时，向前屈体，手臂前伸与肩同高，保持 30 秒，深呼吸。
- 呼气，身体恢复至起始姿势。

003 脊柱伸展——更简单

坐姿，双腿向前，屈膝。双足与髋部同宽，平放在地面上，吸气。双手放在躯干两侧的地板上，呼气，躯体前屈。手臂沿小腿前伸，掌心触及双足，保持 30 秒，横向呼吸。呼气，恢复至脊柱直立位。

004 脊柱伸展——宽腿

坐姿，双腿向前。背屈，双足比髋部稍宽。手掌放在躯干两侧，吸气。呼气，屈体。手臂前伸至与肩部同高，保持 30 秒。呼气，恢复至脊柱直立位。

005

旋体拉锯

旋体拉锯是经典的普拉提练习，通过反向动作打开胸部和上背部。同时扭转和卷曲躯干可以提高脊柱的旋转性和灵活度。

旋体拉锯在拉伸脊柱、腿部、臀部肌肉的同时还能拉伸腹部斜肌。这是一个很好的练习，可以学会如何在旋转中稳定骨盆。

注释
粗体字表示目标肌肉
黑体字表示其他工作肌肉
* 表示深层肌肉

正确姿势
确保臀部始终紧贴地面，通过腿固定身体，延伸颈部。

注意
不要耸肩或移动臀部。

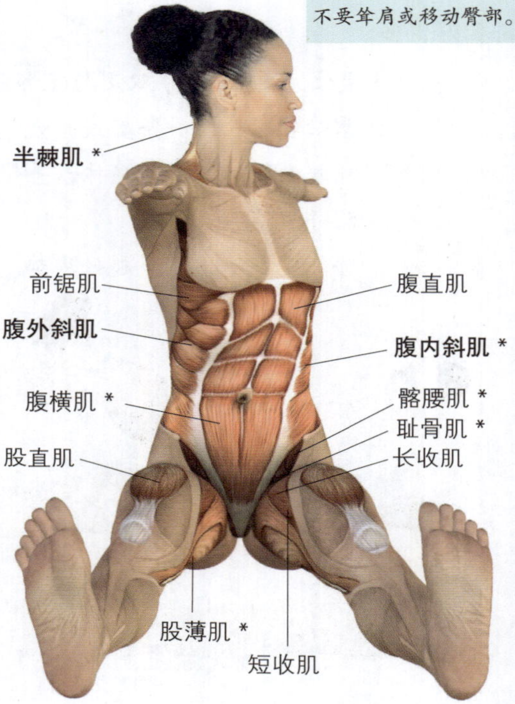

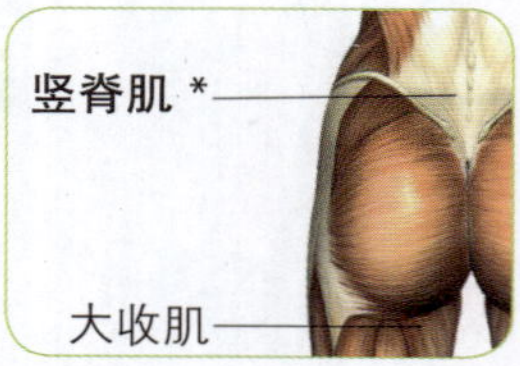

- 坐姿，上身正直，双腿向前。背屈，双足比髋部略宽。
- 双臂侧平举，掌心朝下。吸气的同时向左旋转躯干。
- 呼气，伸出右手至左足外侧，像锯小足趾一样。
- 吸气，恢复至初始位置。两侧交替，每侧重复 5 次。

006 脊柱扭转举腿（瑞士球）

在瑞士球上保持平衡，使旋转动作提高一个等级，完成该练习时要稳定臀部和脊柱。

- 坐在瑞士球上，双膝屈曲，双足与肩部同宽，紧贴地面。
- 吸气，躯干向右侧旋转，同时抬右腿至臀部高度，背屈。
- 呼气，返回起始姿势。注意拉伸脊柱并保持直立。每侧重复5次。

007 脊柱扭转

在这个更简单的旋体拉锯（#005）练习中，坐姿，双腿并拢，足背屈，双臂侧平举，掌心向前。吸气，向一侧转体，注意力集中在沿垂直轴旋转上，保持双臂平行于地面，每侧重复5次。

008 脊柱扭转（小球）

坐姿，双腿并拢，足背屈。双手各持一重量小的普拉提球，进行脊柱扭转（#007）练习，每侧重复3次。

009 脊柱扭转（弹力带）

坐姿，双腿并拢，足背屈。双手持弹力带两端置于背后保持拉伸状，进行脊柱扭转（#007）练习。

010 头上双臂扭转

坐姿，双腿向前，足背屈。双足与髋部同宽，向上伸展手臂，拉伸脊柱，完成旋体拉锯（#005）练习。

011

仰升上体

仰升上体，也称为卷腹，是一项基本的普拉提练习，可以强化上腹部肌力和稳定核心肌群。

运动前双手在枕后交叉扣紧，这样你就学会用腹肌而不是用颈部和肩部使脊椎关节逐节活动。

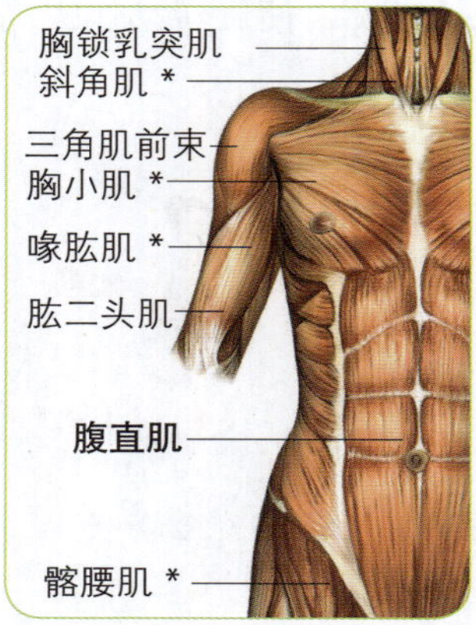

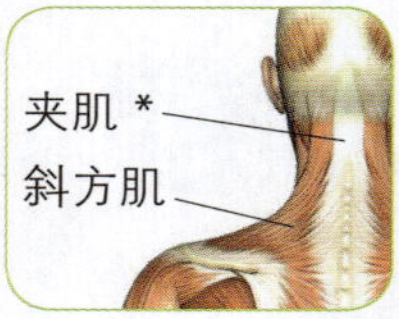

正确姿势

动作从上腹开始，肩胛骨的底部应保持在垫子上。下颌抵向前。

注意

颈部不要紧张，肘部不能前屈。

注释

粗体字表示目标肌肉

黑体字表示其他工作肌肉

* 表示深层肌肉

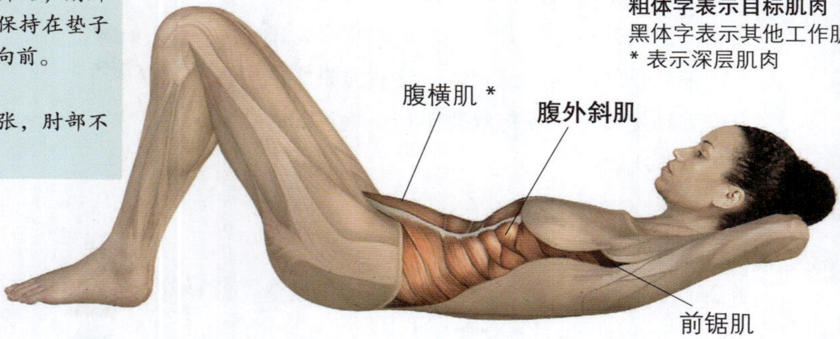

- 屈膝仰卧，双手扣紧于枕后支撑。
- 保持双肘展开位于耳后，通过胸部深吸气。呼气，慢慢地从垫上卷起头部、颈部和上背部。
- 吸气，脊椎向后下逐节回卷。重复 10 次。

012 半卷腹

屈膝仰卧垫上。双臂置于躯干两侧，吸气。呼气，慢慢地从垫上卷起头颈部、肩部。双臂前伸与地面平行。慢慢回卷，重复 10 次。

013 桌面卷腹

仰卧垫上，双足平放于地面。举双腿至桌面位置， 膝在髋部正上方，小腿与地面平行。头部和肩部卷起离垫，同时双臂前伸。

014 瑞士球卷腹

仰卧垫上，双腿抬至桌面位置放在瑞士球上，进行桌面卷腹（#013）练习。

015 侧触足踝

屈膝仰卧垫上，足平放在地面上。双臂置于躯干两侧，吸气。呼气，头部和肩部卷起离垫，同时双臂抬至肩部高度，向左侧扭转躯干，左手触碰左足跟。呼气，恢复至初始位置。两侧交替进行，每侧重复 5 次。

016 泡沫轴卷腹

后背中部靠在泡沫轴上，仰卧垫上，膝部屈曲，双足紧贴垫子，双手紧扣于枕后，吸气。呼气时，头部和肩部卷起并向左侧转体,吸气时回卷落位,重复5次。

017 泡沫轴斜卷腹

后背中部靠在泡沫轴上，仰卧垫上，膝部屈曲,双足紧贴垫子,双手紧扣于枕后,吸气。呼气，头部、肩部卷起并向左侧转体，吸气时回卷落位，重复 5 次。

018

上体滚曲

正确姿势

尽量动用腹肌，足跟紧贴地面。

难以完成时可轻微屈膝或卷一毛巾垫于背部。

注意

不要摇晃，不要借助惯性上摆。

上体滚曲需要较强的核心力量和脊柱关节的控制能力。初学者在练习中难以把背部完全从垫上抬起。保持耐心，集中注意力，牵拉腹肌，躯体卷起过脐。

争取在一次流畅的动作中拉起每一节脊椎。

注释

粗体字表示目标肌肉

黑体字表示其他工作肌肉

* 表示深层肌肉

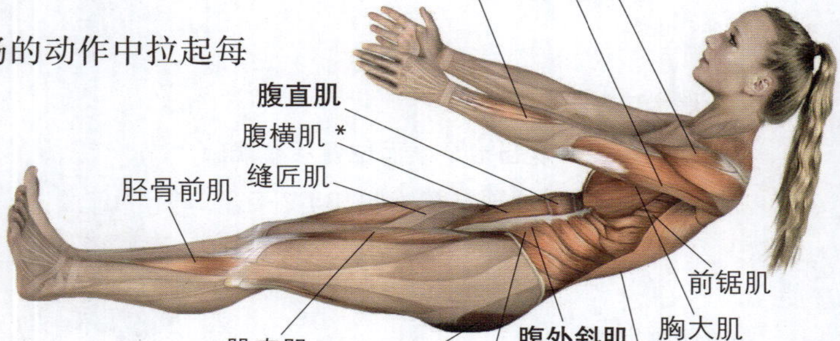

- 仰卧，双腿并拢，足背屈。慢慢地从地面抬起手臂，吸气。
- 呼气，向头上伸展双臂，从垫上滚动卷曲。继续滚动向前屈体直至双手触碰双足。
- 慢慢滚动下落。重复 10 次。

019 上体卷曲抬膝

仰卧，双臂在头部上方伸展。下压足尖，抬右腿至桌面位置。躯体从垫上卷曲上提，双臂前伸。右足下落至垫上，保持右膝屈曲，每侧腿重复 5 次。

020 **上半身卷曲扭转**

仰卧，双臂在头部上方伸展，屈膝，抬右腿至桌面位置。从垫上卷曲头部和肩部的同时，扭转躯干和手臂至右侧，每侧重复5次。

021 **上身卷曲（小球）**

仰卧，双腿并拢，双足背屈。双手持一小重力球，在头部上方伸展双臂。从垫上卷起头部和颈部的同时，持球举臂。继续滚动向前，用球触碰双足，慢慢滚动回落。重复5次。

022 **上体卷曲（手臂负重）**

仰卧平躺，双腿并拢，足趾下压。双手持魔力圈于胸前，向上伸展双臂。从垫上卷曲头颈部时，双臂前伸并挤压魔力圈，滚动回落至初始位置，重复5次。

023 **颈部牵引**

仰卧位，双腿并拢，双足背屈。双手紧扣于枕后，肘部外展置于垫上。缓慢使整个脊柱逐节卷曲上提，当肘部触碰膝部时，背部呈C形弯曲。滚动回落至初始位置，重复5次。

024

半回滚

半回滚提供了可靠的核心肌肉训练动作，比上身滚曲轻松得多。这项练习最主要的是基本的普拉提要素，即逐节活动脊椎关节和维持背部呈现强壮的 C 形曲线。

正确姿势

肩胛下拉，用背阔肌支撑手臂动作，通过核心肌肉控制动作。

注意

颈部和肩部不要紧张。

注释

粗体字表示目标肌肉

黑体字表示其他工作肌肉

* 表示深层肌肉

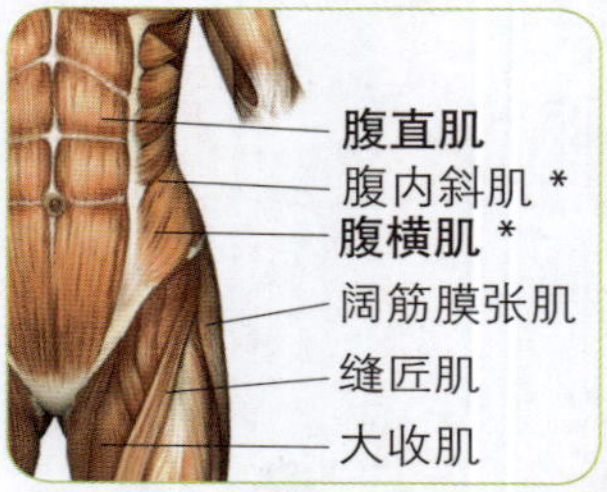

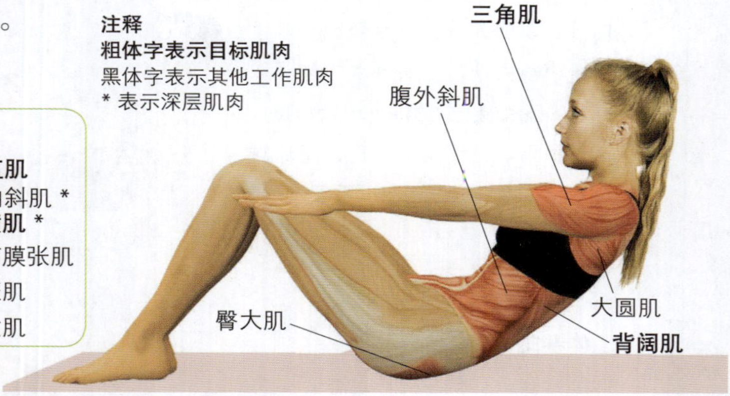

- 屈膝坐直，双腿并拢，双臂前伸与肩同高。
- 向胸部收紧下颌，吸气。呼气时，屈曲脊柱至 C 形曲线，然后开始向背后滚动下落，收紧腹部，逐节活动脊椎关节。
- 滚动回落至背部触垫。吸气，恢复至坐姿。重复 10 次。

025

半回滚（魔力圈）

坐位，双膝夹持魔力圈。吸气，双臂前伸与肩同高。呼气时，用双膝挤压魔力圈，同时向背后回滚至背部触垫。吸气，恢复至坐姿，同时放松对圈的挤压。重复 5 次。

026 半回滚（手持弹力带）

坐位，双腿并拢，双膝屈曲。弹力带从足底绕过，手持弹力带末端于膝部上方。向背后回滚时，双臂后拉，双肘向外绷紧。返回起始位。重复 5 次。

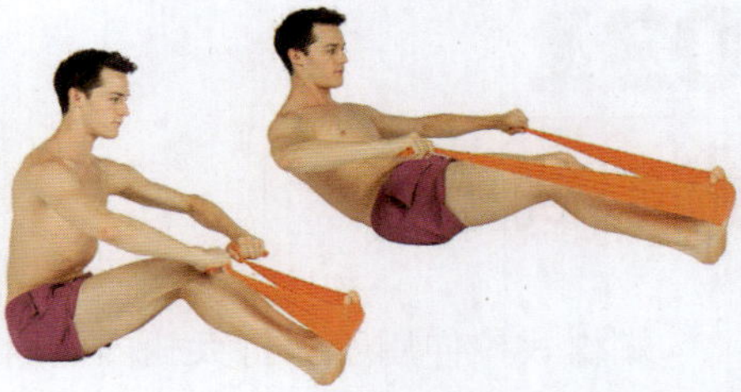

027 倾斜半回滚

坐位，双腿并拢，双膝屈曲。向两侧平伸双臂。向背后回滚时，收缩腹部，同时向左侧扭转躯干。保持双臂平伸，注视左前方。返回起始位。每侧重复 5 次。

028 倾斜半回滚（大腿挤压）

坐位，双膝屈曲，夹持魔力圈，手臂前伸。向背后回滚时，收缩腹部，同时躯干、上肢右转，恢复至初始位。每侧重复 5 次。

029 爬树

屈膝仰卧。抬右腿向上伸直，双手放于右腿后方。随着上身卷曲离垫，双手渐渐从腿部向足踝移动。躯干滚动回落，同时手沿腿向下拍打。每侧重复 5 次。

030 爬树，腿部弹振

屈膝仰卧。抬左腿至直立，双手放在左足踝后方，轻轻向躯干牵拉，弹振数次。每侧重复 5 次。

031

蝴蝶式拉伸

蝴蝶式拉伸用于保持大腿内侧肌肉放松。该练习目标肌肉为内收肌，用以提高髋关节灵活性。灵活的内收肌对于任何需要髋关节旋转或侧向运动都是必不可少的。

这些肌肉也能帮助稳定膝关节。蝴蝶式拉伸是冲刺后理想的拉伸方式。

注释
粗体字表示目标肌肉
黑体字表示其他工作肌肉
* 表示深层肌肉

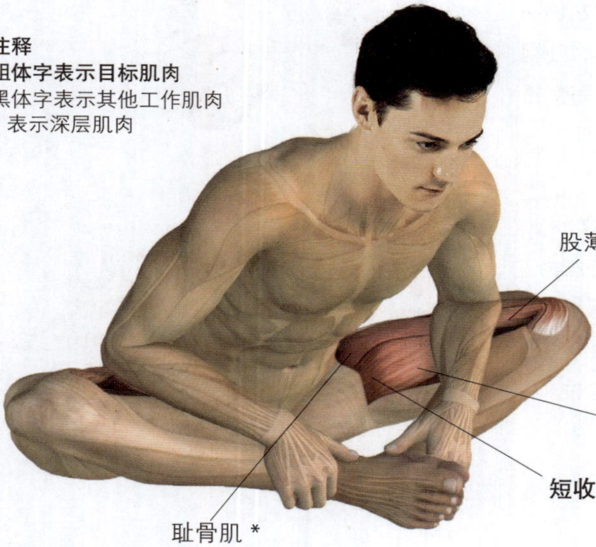

正确姿势

坐位并动员核心肌群。向前倾时，拉伸脊柱和颈部。

注意

虽然轻微的蝴蝶式颤动是好的，但要抵抗膝部反弹的刺激。

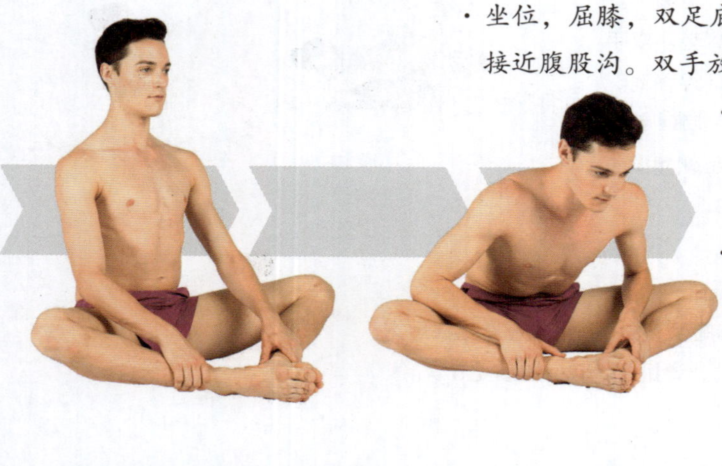

- 坐位，屈膝，双足底对合，收拢足跟尽量接近腹股沟。双手放足踝处，吸气。
- 呼气，向地面压膝，躯干从髋部前屈，倾靠腿部。
- 保持30秒，深呼吸。吸气，恢复至初始位置。

032 双腿交叉向前

坐位，双腿自然交叉，首先把左足放在右足上。双手放于两膝上，拉伸脊柱，吸气。慢慢呼气，双手慢慢向前，逐节拉伸脊椎关节。保持 30 秒，慢慢回到坐姿。右足放在左足上，重复此动作。

033 双腿交叉斜向前伸

坐位，双腿自然交叉，伸双臂于头上，吸气。躯干慢慢前屈并向左侧倾斜至掌心触地。保持 20 秒。然后向右倾斜重复动作。

034 双腿交叉侧向拉伸

坐位，双腿自然交叉。伸双臂于头上，掌心相对，吸气。呼气时，慢慢地向左侧屈体，左前臂放于左侧地面。右臂在头上伸展，缓慢深呼吸，保持 20 秒。然后向对侧躯体重复动作。

035 双腿交叉滚动向下

坐位，双腿自然交叉。双手放在膝部，拉长脊柱，吸气。呼气时脊柱前屈，逐节拉伸脊椎关节。肩部放松，保持 30 秒。

036 双腿交叉弹力带侧弯

坐位，双腿自然交叉。双手持弹力带两端，于头上方拉紧，吸气准备。呼气时，向左侧屈体，同时左手将弹力带拉回地面，保持 20 秒。然后转向对侧。

037

天鹅起

向背后拉伸会打开你的胸部、腹部和髋部屈肌。在进行前屈动作训练后，该动作为背部提供一个很好的反向拉伸。同样也是长时间坐姿后的放松拉伸活动。要从天鹅起中获得更多的益处，应注意持续拉伸脊柱以及动员下背部和腹部核心肌群参与，使上半身从垫上抬起。

正确姿势

胸部向前向上牵拉，保持颈部和脊柱拉伸状。

注意

不要尝试过度抬高躯干，否则可能会引起脊椎关节过紧。练习过程中不要只依靠双手。

注释

粗体字表示目标肌肉

黑体字表示其他工作肌肉

* 表示深层肌肉

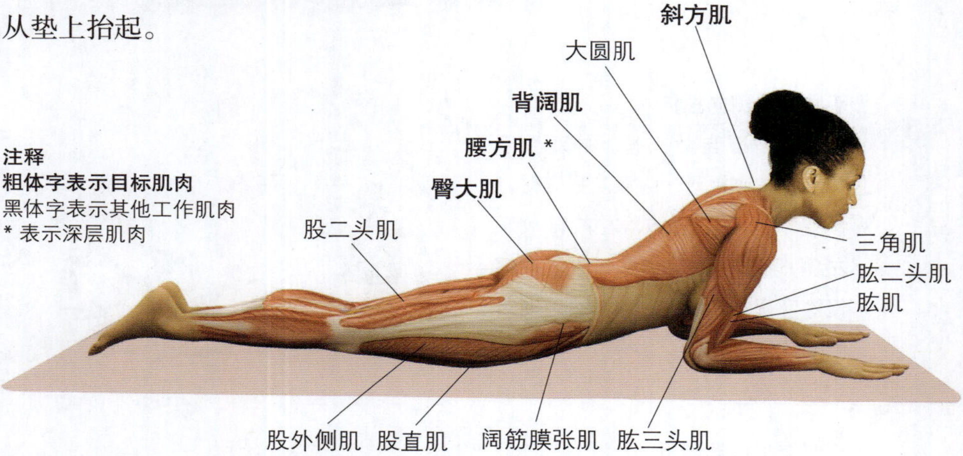

· 俯卧于垫上，双腿、双踝夹紧。屈曲双臂于躯干两侧，手掌置于耳边。

· 收紧大腿内侧和臀部肌肉，把肚脐拉向脊柱。吸气时，挤压前臂、耻骨和双足紧贴垫子。躯干缓慢抬离垫子。

· 保持 20 秒，重复 3 次。

038 天鹅式

俯卧于垫上，双腿、双踝夹紧。弯曲双臂于躯干两侧，双掌置于肩旁。吸气时，耻骨、大腿和足部紧贴垫子，抬升躯干于手部上方。保持 20 秒，重复 5 次。

039 小球天鹅式

俯卧于垫上，双臂前伸于头前，双手置于一中型练习球上。吸气，耻骨、大腿和足部紧贴垫子。慢慢地从垫上抬起胸部和腹部。保持 20 秒，重复 5 次。

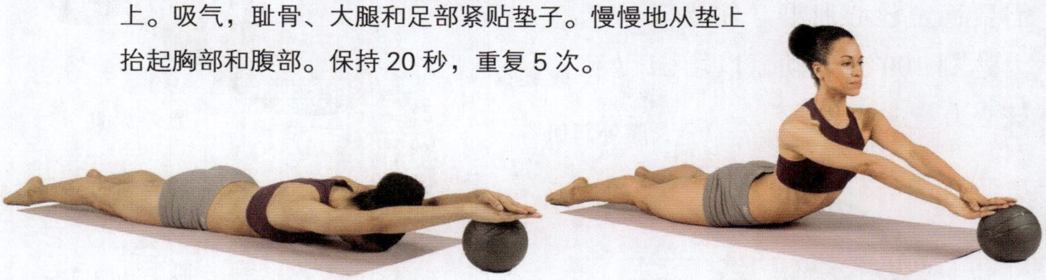

040 瑞士球抬升

瑞士球可为躯干下部提供缓冲，但对稳定髋部和脊柱增加了难度。如果出现向后滚动，就用墙壁或桌子支撑双足。控制动作，避免下背部过度伸展。

- 髋部置于瑞士球上，手掌撑于地板，吸气。
- 呼气时，寻找平衡将胸部从瑞士球上抬离。
- 拉伸脊柱时，双臂向两侧伸展，肩胛骨向内挤压。
- 保持 20 秒。

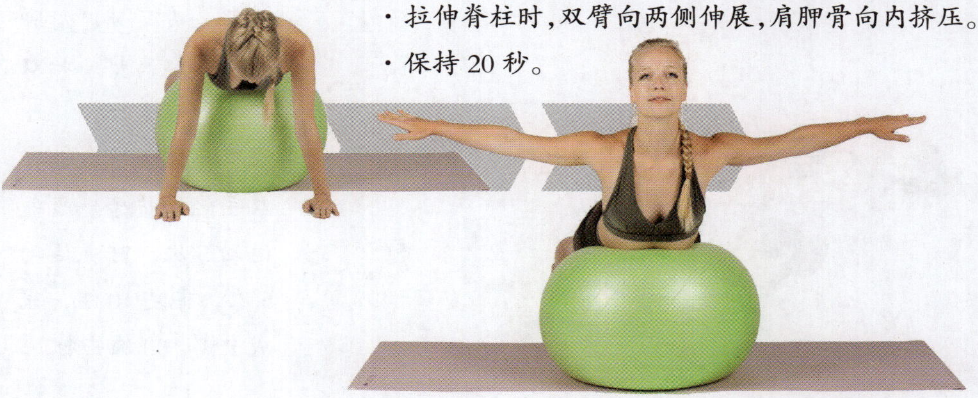

041

百次击打 -1

百次击打是普拉提的经典练习，是一个很好的、看似有挑战性的腹部锻炼方式。在手臂摆动协调呼吸模式时，需要稳定核心肌群。你要努力达到 100 次摆动，以增强核心力量。

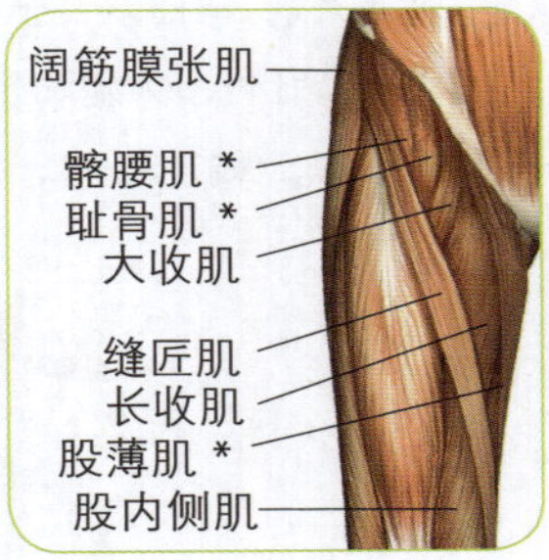

正确姿势

收缩腹部，稳定核心肌肉。肩胛骨向背部下沉，拉伸颈部。

注意

不要让你的躯干和腿部晃动，不要耸肩。

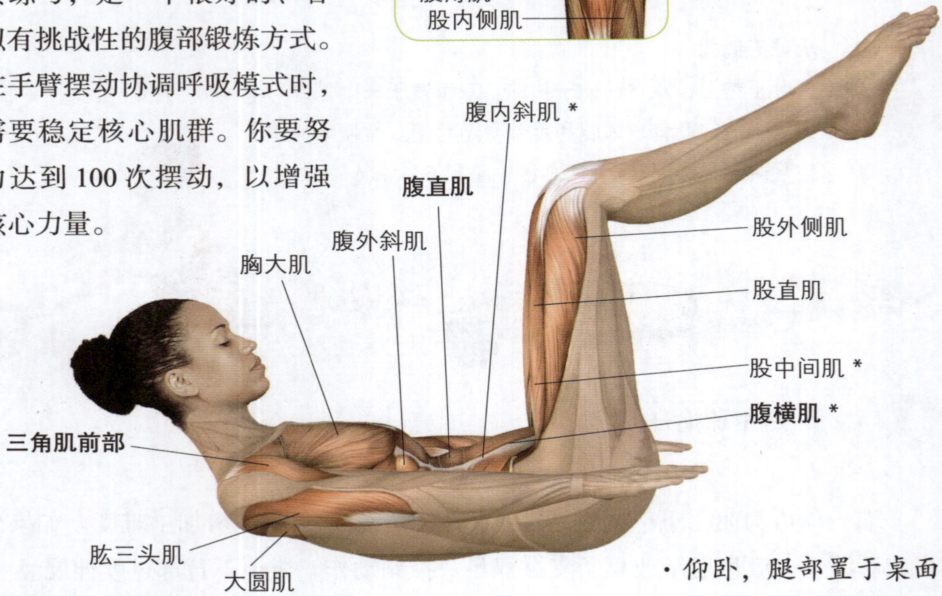

注释

粗体字表示目标肌肉

黑体字表示其他工作肌肉

* 表示深层肌肉

- 仰卧，腿部置于桌面位置，足趾向前。双臂平放在躯干两侧，掌心向下，吸气。
- 呼气，头颈部、肩胛上部卷起离垫。抬双臂平行于地面。
- 双臂快速上下摆动，双手轻触垫子。吸气运动 5 次，呼气运动 5 次，重复 10 组，完成全部 100 次击打。

042 百次击打 -1——准备

仰卧，双膝屈曲，双足着地。手臂平放在躯干两侧，掌心向下，吸气。呼气时，头颈部及肩胛上部卷起离垫。按百次击打 -1（#041）动作进行练习。

043 百次击打 -1——绷足尖

仰卧，双膝屈曲，双足着地。手臂平放于躯干两侧，掌心向下，抬双足，足尖触地，吸气。按百次击打 -1（#041）动作进行练习。

044 单腿百次击打 -1

仰卧，双膝屈曲，双足着地。手臂平放于躯干两侧，掌心向下，抬左腿至桌面高度，足背屈。保持左腿位置并按百次击打 -1（#041）动作进行练习。换右腿重复。

045 弹力带百次击打 -1

在百次击打练习中增加弹力带是对肩部和上肢肌肉的挑战，也是提高机体协调性的很好的练习。

- 仰卧，双腿置于桌面位置。弹力带缠绕在小腿上，双手持弹力带两端。
- 当手臂摆动时下拉弹力带，要动用更多手臂和肩部肌肉。按百次击打 -1（#041）动作进行练习。

046

百次击打 –2

你掌握百次击打 –1 后，就可以进行下个阶段即百次击打 –2 的练习。这个高级练习动作在挑战你的核心力量的同时也能发展腿部力量。百次击打 –2 能促进血液循环，发展核心肌群的耐力。

注释
粗体字表示目标肌肉
黑体字表示其他工作肌肉
* 表示深层肌肉

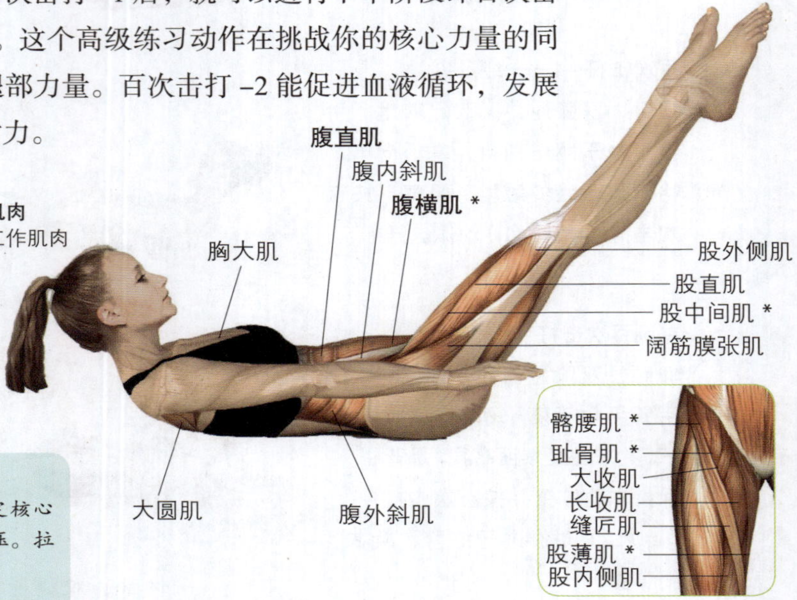

正确姿势
紧收腹肌，稳定核心肌肉。肩胛下压。拉伸颈部。

注意
不要让躯干和双腿晃动。不要耸肩。

- 仰卧，双腿置于桌面位置，足尖向前。双臂于躯干两侧，掌心向下。收腹，吸气。
- 与地面呈 45° 伸直双腿，腿部、足跟并拢。
- 呼气，头颈部及肩胛上部卷起离垫。伸抬双臂平行于地面。
- 双臂上下摆动，双手轻拍垫子，吸气 5 次，呼气 5 次。重复 10 组，完成 100 次击打。

047 百次击打 -2——踝夹魔力圈

增加阻力，用魔力圈或普拉提球提高你的协调性和耐力。

· 仰卧，双腿置于桌面位置，两足踝夹稳魔力圈。双臂放在躯干两侧，吸气。
· 双腿伸直抬起与地面呈45°，同时挤压魔力圈。
· 呼气，头颈部及肩胛上部卷起离垫，伸抬手臂与肩同高。
· 双臂上下摆动，双手轻拍垫子。吸气5次，呼气5次，重复10组，完成100次击打。

048 百次击打 -2——双踝持球

仰卧，双腿置于桌面位置，在两足踝间夹一中型普拉提球。双臂置于身体两侧，吸气。

双腿伸直与地面呈 45°，挤压普拉提球。动作表现与百次击打 -2（#046）相同。

049 百次击打 -2——双膝持球

仰卧，双腿置于桌面位置，双膝夹中型普拉提球保持平衡。双臂置于身体两侧，吸气。双腿伸直与地面呈 45°，挤压普拉提球。动作表现与百次击打 -2（#046）相同。

050 百次击打 -2——直腿向上

仰卧，双腿置于桌面位置，足尖前伸。双臂放在身体两侧，掌心向下，吸气，抬腿与地面呈 90°。动作姿势与百次击打 -2（#046）相同。随着力量增强，逐渐放低双腿，直到你有能力保持 45° 完成击打练习。

051

翻 滚

这个高要求的普拉提练习需要强壮的核心肌肉和可控制的、流畅的运动过程。随着时间推移，你可以充分动员腹肌，通过逐节连接脊椎关节和深呼吸来完美地完成这项高级练习。勾足以拉伸股后肌群和小腿肌肉，并感受能量从足跟释放。

正确姿势

如果你在翻滚过程中感觉困难，可以轻微屈膝或卷一毛巾垫于臀下。

注意

在练习过程中不要借助惯性翻滚。

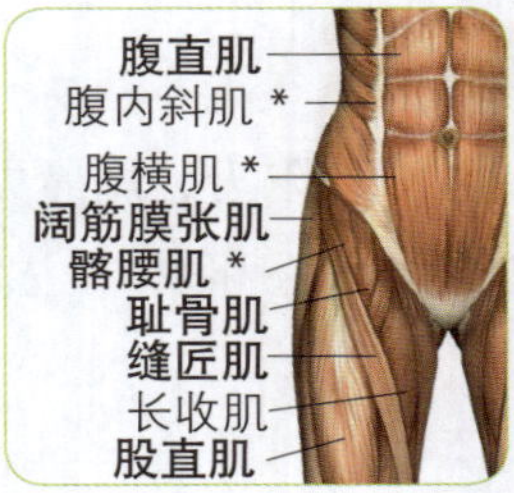

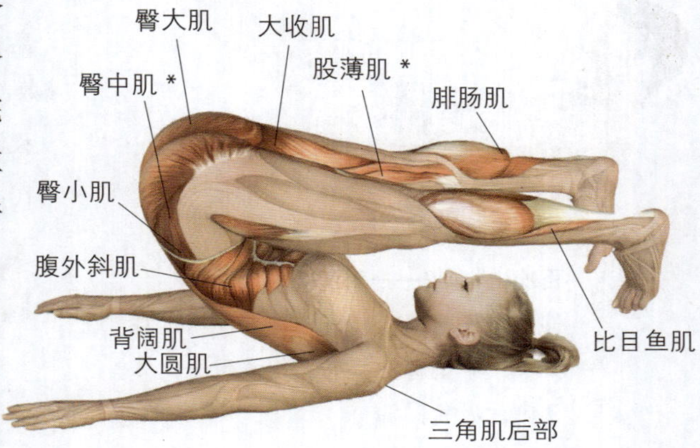

注释
粗体字表示目标肌肉
黑体字表示其他工作肌肉
* 表示深层肌肉

- 仰卧，双膝屈曲，双臂于身体两侧。吸气，拉伸脊柱。
- 呼气，双腿并拢上举至直立位。
- 双腿拉伸过头顶，下压并与地面平行，脊柱渐渐卷离垫面，下压手掌以保持稳定。缓慢回卷，重复 5 次。

052

踝夹球翻滚

仰卧，双膝屈曲，双臂放于躯干两侧。双踝夹中型普拉提球，吸气。动员下腹肌，拉伸颈部和脊柱。 呼气，抬高腿部与地面呈 90°，挤压普拉提球。动作与翻滚（#051）相同。

053 踝夹魔力圈翻滚

仰卧，双膝屈曲，双臂放于躯干两侧。双踝夹魔力圈，吸气。动员下腹肌，拉伸颈部和脊柱。呼气，抬高腿部与地面呈 90°，挤压魔力圈。动作与翻滚（#051）相同。

054 反向卷曲

仰卧，双膝屈曲，双足与髋同宽。手臂置于躯干两侧，吸气。抬高双足离开地面，当背部离开地面时呼气，双膝向胸部挤压。恢复至起始位。重复 5 次。

055 瑜伽球反向卷曲

仰卧，双膝屈曲，双足与髋同宽。手臂置于躯干两侧，吸气。双膝夹中型普拉提球，动作与反向卷曲（#054）相同。

056 控制平衡

仰卧，双腿直立向上，手臂置于躯干两侧。吸气，动员腹肌。呼气，卷曲脊柱，拉低腿部至头上方，与地面平行。双臂前摆手握右足。伸直左腿指向天花板，双腿交替。重复 5 次。

057 空中折刀式

仰卧，双腿直立向上，手臂置于躯干两侧。吸气，动员腹肌。呼气，卷曲脊柱，拉低腿部，与地面平行。通过核心力量将腿举至 45°。重复 5 次。

058 回飞棒式

坐位，双腿向前，双踝交叉，双手放于足踝旁。后滚，双腿压至与地面平行。换方向交叉双腿，滚动向前至初始位。双手握于背后，同时头压向膝部，双臂向前伸展。

059

团身滚动

团身滚动，这个动态摇摆运动可以按摩脊柱，增强背部的血液循环。

这是少数借助惯性推动身体运动的普拉提练习之一。要想流畅地完成团身滚动，自始至终都应集中精力寻找平衡，并用腹肌去控制动作。

正确姿势

向后翻滚至肩胛部触垫即可。自始至终保持屈膝 90° 。

注意

不要滚动颈部或耸肩。

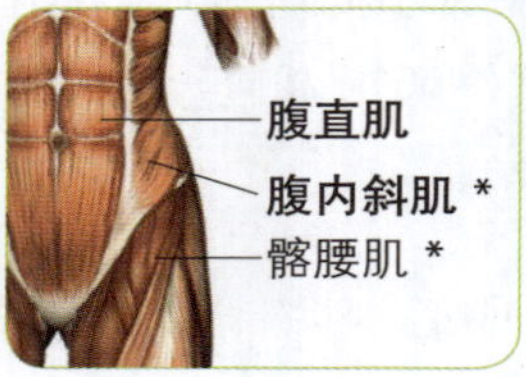

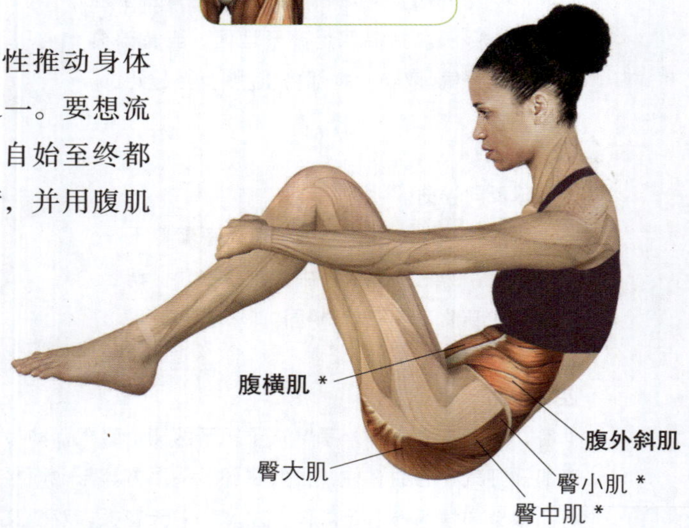

注释

粗体字表示目标肌肉

黑体字表示其他工作肌肉

* 表示深层肌肉

- 坐立位，屈膝，双腿并拢。
- 双手紧抱小腿前，或抓住大腿后侧，尽力收腹。
- 一次抬一只足离开地面，吸气，滚动回落。
- 呼气，向前滚动，重复 5 次。

060 下滚

坐位，屈膝，双足平放在地面上。双臂前伸，吸气。收腹，脊柱呈 C 形弯曲。呼气，向后滚动至中、下背部触垫。保持手臂平行于地面。恢复至初始位置。重复 10 次。

061 派克滚

坐位，屈膝，双腿并拢。分别将左、右腿伸直与地面呈 45°，双手放于腓骨处，吸气。向背部滚动至肩胛部着垫，呼气。前滚至初始位置。重复 5 次。

062 螃蟹滚

坐位，双膝屈曲。小腿交叉，手抓对侧足踝的上方。抬双足离开地面。吸气，以臀部为支点保持平衡。呼气，向背部滚至肩胛骨底部着垫。前滚至起始位。重复 5 次。

063 踝压滚动

用双踝夹普拉提球来动员深层腹部肌肉。滚动练习通过摇摆运动按摩脊柱，非常有利于放松背部。

- 坐位，双腿前伸。双踝夹中型普拉提球，吸气。
- 向背后滚动时，收缩腹肌。呼气时，保持你的双臂在体前伸展。继续向后滚动，直到腿部与地面平行（整个动作要连贯）。
- 自始至终挤压普拉提球。吸气，前滚回位。重复 5 次。

064 分腿摇摆

就像其他普拉提滚动练习一样，分腿摇摆同样锻炼腹肌，这一练习也加强了背部两侧的背阔肌。

- 坐位，双足分开与肩部同宽，双腿前伸。
- 抬腿至 45°，双手抓住小腿。
- 吸气，向后滚动至中下背着垫，保持头部和肩部离垫。
- 呼气，回滚至起始位置。重复 5 次。

065 海豹式

坐位，屈膝。双臂于大腿间穿过，从足踝外侧包绕。膝关节呈 90°，抬双足远离地面。吸气，以臀部为支点维持平衡。向背部滚动至肩胛部着垫。呼气，回滚至起始位。重复 5 次。

066 跨坐摇摆

坐位，双膝贴向胸部，抓住足踝。以臀部为支点维持平衡，收腹。吸气，向背后滚动至肩胛部着垫。呼气，向前滚动，打开双腿至分开姿势，重复 5 次。

067 V 字摇摆

坐位，双膝贴向胸部。以臀部为支点维持平衡，收腹。吸气，向背后滚动至肩胛部着垫。呼气，向前滚动，同时伸展双臂和腿部呈 V 字形。短暂坚持。重复 5 次。

068

单腿拉伸

单腿拉伸是普拉提腹部训练中动态练习的一项。它包括在保持核心肌群稳定的同时快速控制手臂和腿部动作。

正确姿势

颈部伸直，动员深层腹肌和臀肌维持稳定。

注意

不要耸肩。

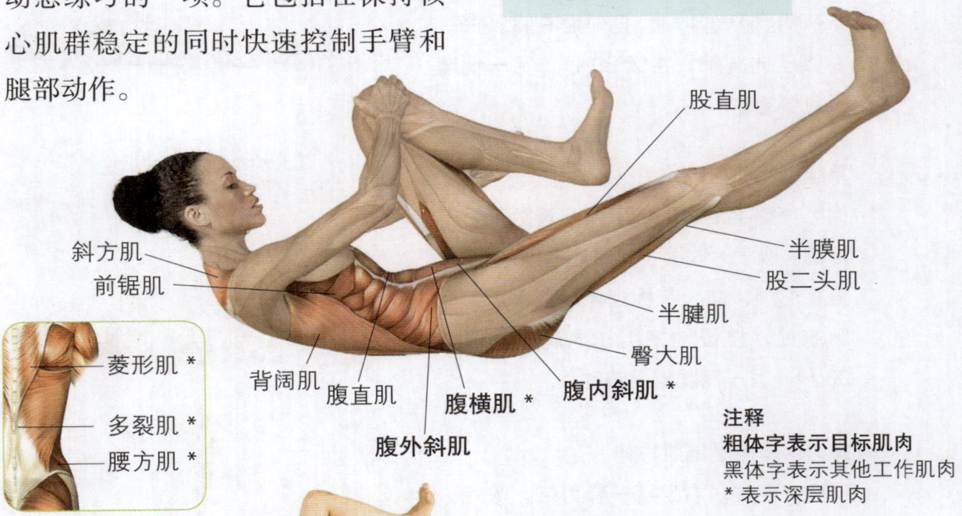

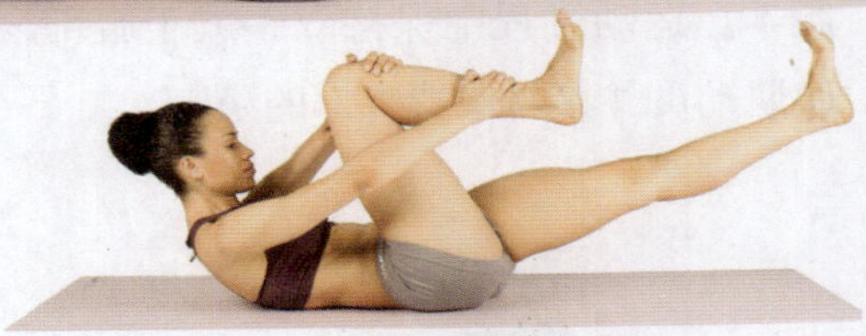

- 仰卧位，双腿于桌面位置，双足背屈。手臂置于躯干两侧。
- 吸气，头颈部卷起离垫，双手伸至小腿前。
- 呼气，伸直右腿至与地面呈 45°，左手前伸触碰左足踝。
- 开始交换另一侧腿时吸气。呼气，伸直左腿，右手触碰右足踝。每侧重复 5 次。

069 简易单腿拉伸

仰卧，双腿抬至桌面位置，双足背屈。双臂放于躯干两侧。吸气，手伸至小腿前。动作姿势与单腿拉伸（#068）一样。

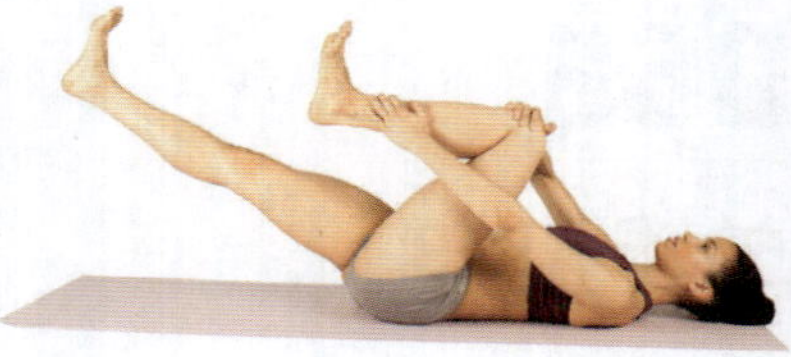

070 屈膝腘绳肌拉伸

仰卧，双腿平放在地板上，双臂放于躯干两侧。吸气，收腹，同时屈右膝。呼气，右膝压向胸部，持续 30 秒，另一侧腿重复该动作。

071 单腿腘绳肌拉伸

仰卧，腿平放在地板上，双臂放于躯干两侧。吸气，收腹，同时屈右膝。呼气，伸直右腿，向天花板延伸。双手放于腓肠肌处，慢慢地将腿拉向胸部。保持 30 秒。另一侧腿重复该动作。

072 弹力带单腿腘绳肌拉伸

仰卧，屈膝。右足缠一弹力带。吸气，伸右腿指向天花板。呼气，拉弹力带使腘绳肌拉伸。保持 30 秒，另一侧腿重复该动作。

073 轻微幅动

轻微幅动是单腿拉伸（#068）的一个更简单的版本。运动过程中保持双手放于腹部，你能感受到腹肌动员并参与保持臀部的稳定。

- 仰卧，屈膝，双手放于腹部。抬起双足以足尖支撑，吸气准备。
- 呼气，屈左膝拉向胸部。吸气，两腿交换，当左侧足趾触地时呼气。
- 双腿连续交换 10 次。

074 弹力带股外侧肌拉伸

仰卧，双腿平放垫上。屈右膝，右足缠绕一弹力带，左手握弹力带。吸气，伸右腿指向天花板。呼气，右腿在左髋上方交叉，同时拉弹力带。保持 30 秒。 左腿重复右腿动作。

075 魔力圈股内侧肌拉伸

仰卧，屈膝。左手持魔力圈绕于左足，吸气，伸直左腿。右臂压垫以保持平衡。呼气，拉魔力圈，感受股内侧肌的拉伸。
保持 20 秒。右腿重复左腿动作。

076 普拉提球腿部斜向拉伸

仰卧，双腿置于桌面位置，双足背屈。双手持小型普拉提球于头上。吸气，头颈部从垫上卷起。呼气，右腿伸直至 45° ，持普拉提球向身体左侧伸展。双腿交换时吸气，伸直左腿时呼气，扭转躯干至右侧 45° ， 连续两侧交换，重复 5 组。

077 弹力带梨状肌拉伸

仰卧，双腿置于桌面位置。左踝交叉放于右侧大腿上，右足缠绕弹力带。牵拉弹力带以拉伸梨状肌。保持 30 秒，换腿重复该练习。

078 魔力圈梨状肌拉伸

仰卧，双腿置于桌面位置。右踝交叉放于左侧大腿上，左手持魔力圈绕于左足，拉魔力圈以拉伸梨状肌。保持 30 秒，换腿重复该练习。

079

腿部下落

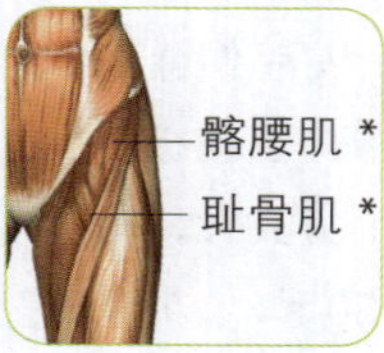

正确姿势

保持背部稳定，收缩腹部。躯干和臀部紧压垫子。

注意

不要弓背或晃腿。

腿部下落能增强中下腹 6 块腹肌的肌力。这一练习也有助于稳定骨盆和脊柱。按普拉提控制和精确的原则缓慢放低和抬升腿。如果一开始腿部下落有困难，可以把双手放在臀部下方予以支撑或轻微地屈曲膝部。

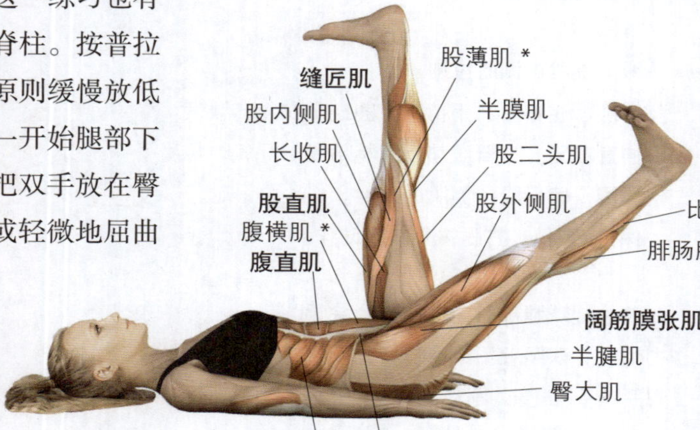

注释

粗体字表示目标肌肉

黑体字表示其他工作肌肉

* 表示深层肌肉

- 仰卧，双膝屈曲，手臂放于躯干两侧。抬双腿直立向上，足背屈，吸气。
- 收腹，呼气，缓慢降落至与地面呈 45°。保持臀部始终紧贴地面。
- 右腿抬升恢复至直立位，双腿交替进行，重复 10 组。

080 双腿下落

仰卧，双腿直立向上，足背屈。双臂于躯干两侧，吸气。将肚脐拉向脊柱，呼气，双腿缓慢降落至与地面呈 45°。保持臀部始终紧贴地面。重复 10 次。

081 普拉提球双腿下落

仰卧，普拉提球置于两足踝间。伸直双腿向上，足背屈。双臂放于躯干两侧，吸气。呼气时，动员腹肌，双腿缓慢降落至与地面呈 45° ，双腿抬升回直立位，重复 10 次。

082 腿部双侧下落

仰卧，双腿直立向上，足背屈。两足跟并拢，足趾向外呈普拉提 V 形位。双臂放于躯干两侧，吸气。呼气，缓慢向两侧降落。努力拉伸双腿，从髋关节上方抬升，恢复到直立位，重复 10 次。

083 十字交叉

仰卧，双腿直立向上，足踝交叉。双臂放于躯干两侧，将肚脐拉向脊柱。呼气，双腿缓慢降落至与地面呈 45° ，双踝交叉换位，保持臀部稳定于垫上。双腿抬升回直立位，重复 10 次。

084 魔力圈双腿下落

仰卧，魔力圈置于两足踝之间，双腿直立向上，双手紧扣于枕后，吸气。将肚脐拉向脊柱，呼气时，双腿缓慢降落至与地面呈 45° ，挤压魔力圈并保持臀部稳定于垫上。双腿抬升回直立位，重复 10 次。

085 支撑双腿下落

前臂支撑仰卧位。双腿直立向上，足趾前伸，吸气。将肚脐拉向脊柱。呼气，双腿缓慢降落至与地面呈 45° 。双腿抬升返回直立位，重复 10 次。

086 普拉提球双腿斜落

仰卧，普拉提球置于两足踝间。前臂向上支撑躯干，双腿向上伸直，然后向右侧扭转同时下落。双腿恢复至直立位，向对侧斜落，每侧重复 5 次。

087

腿部环绕

腿部环绕能提升骨盆稳定性，锻炼盆底深层肌肉力量。该练习能加强核心肌群、股四头肌和腘绳肌的肌力。努力想象拉伸抬起的腿，把它从腰肌中拉出。腰肌即指大部分髋部屈肌，是连接尾椎和大腿内侧的肌肉。

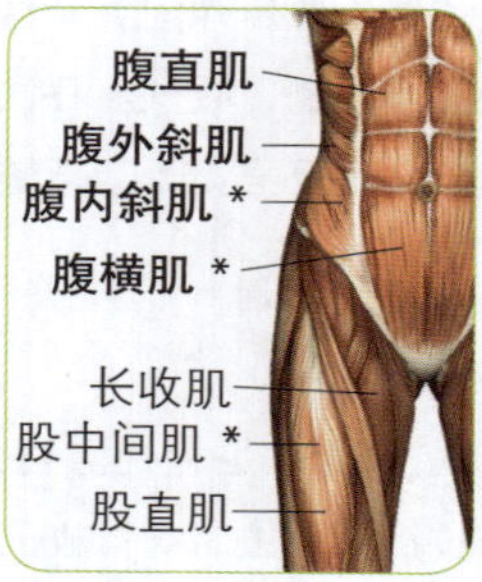

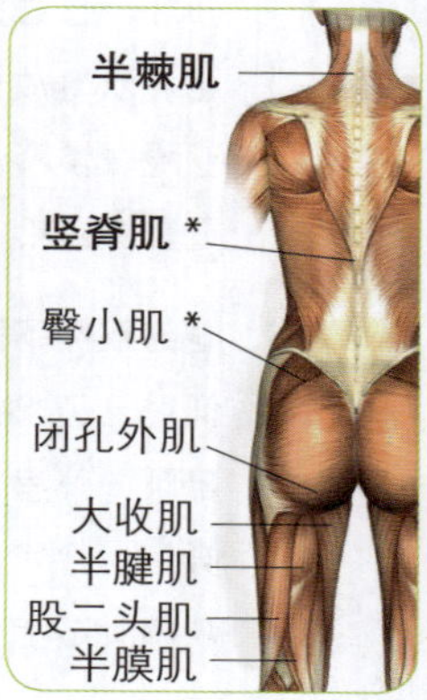

注释
粗体字表示目标肌肉
黑体字表示其他工作肌肉
* 表示深层肌肉

正确姿势
臀部和肩部牢牢地固定在垫子上。动作流畅。

注意
在练习过程中不要仅使用股四头肌。

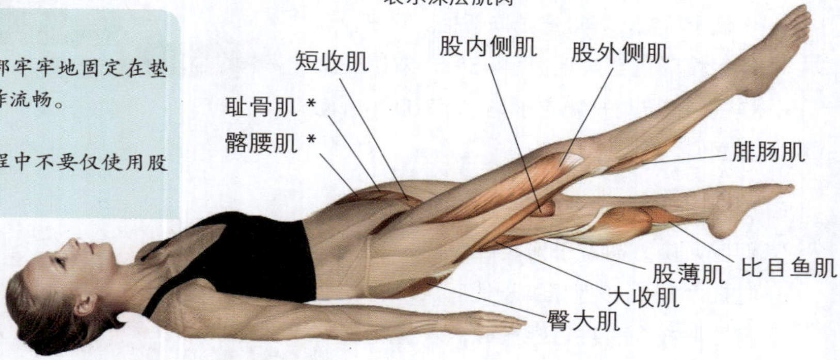

- 仰卧，双腿向前伸直，手臂放于躯干两侧。抬右腿至直立位。
- 右腿以髋臼为支点上拉做环绕动作。吸气时，腿部伸展向外下方环绕，拉回至初始位置时呼气。
- 接着右腿向内下方环绕。每个方向环绕 5 圈，左腿重复练习。

088 简易单腿环绕

仰卧，双腿前伸，手臂放于躯干两侧。屈曲左膝，右腿抬至直立位。练习动作同腿部环绕（#087）。

089 单膝环绕

仰卧，双腿前伸，手臂于躯干两侧。屈曲右膝并拉向胸部。右手放于右侧膝上，以髋臼为支点按顺时针做缓慢环绕运动。然后做反向环绕运动。每个方向环绕 5 圈，左腿重复练习。

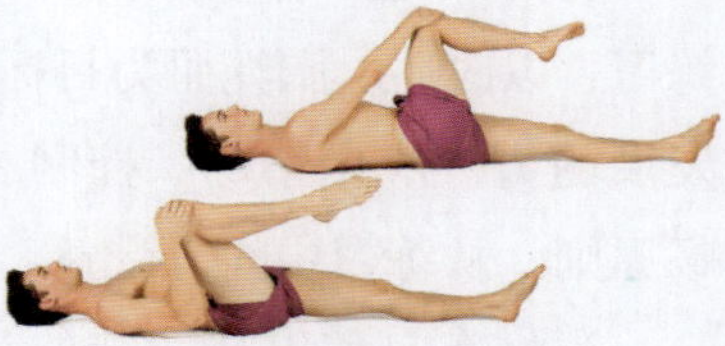

090 双腿环绕

仰卧，双腿向上伸直。双手紧扣于枕后，吸气。将肚脐拉向脊柱，头颈部卷起离垫。呼气，双腿向两侧滑落，以髋臼为支点做环绕运动，回到中立位。相反方向重复环绕，每个方向重复 5 组。

091 支撑双腿环绕

仰卧，前臂支撑身体。双腿向上伸直，吸气准备。呼气，双腿向两侧滑落，以髋臼为支点做环绕运动，回到中立位。相反方向重复环绕，每个方向重复 5 组。

092 泡沫轴交替抬腿

仰卧于泡沫轴上，屈膝。手臂向两侧伸展。抬左腿至桌面位置，吸气。在左髋做小幅度能控制的环绕运动，持续 20 秒。练习中尽力使双臂抬离地面。放低左足。右腿重复练习，重复 5 组。

093 泡沫轴髋屈肌拉伸

仰卧，将泡沫轴横放于骶骨下，屈膝，手臂向两侧伸展。左膝拉向胸部，右足落至地面。左腿做小幅度环绕运动，持续 20 秒。右腿重复练习。

094

剪刀式

剪刀式是一个经典的普拉提练习，以腹肌、腘绳肌为目标肌，发展耐力。应用精确、控制和流畅原则，从练习中充分受益。

当你有自信保持稳定的节奏时，试着从臀部迸发能量并通过足趾间释放能量。

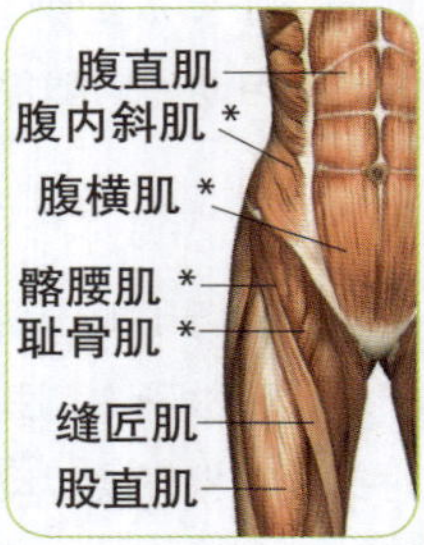

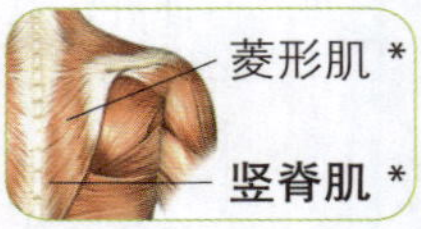

正确姿势
肩胛骨向背部下压，引颈。运动中靠腹肌移动双腿。

注意
不要把腿部拉向躯干。

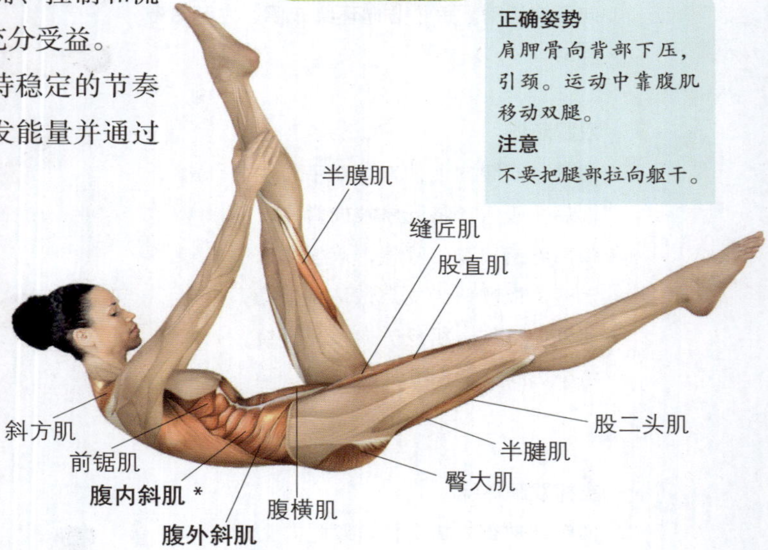

注释
粗体字表示目标肌肉
黑体字表示其他工作肌肉
* 表示深层肌肉

- 仰卧，双腿于桌面位置。动员腹肌，吸气，腿伸直向上。
- 呼气，头部从垫上卷起，双手握住右侧小腿，左腿慢慢落下接近地面。
- 吸气，双腿向上伸直。握住左腿，呼气，放低右腿。每侧重复 10 次。

095 支撑剪刀式

仰卧，伸展双腿呈直立位，足趾前伸。前臂支撑身体。将肚脐拉向脊柱，吸气。双腿向天花板伸展。呼气，右腿缓慢地落下至接近地面。吸气，抬双腿至 90° 。呼气，落下左腿。每侧腿重复 10 次。

096 平衡球剪刀式

仰卧平衡球上，腰背中部支撑于球体上。吸气，双腿向天花板伸展，双手握住右侧腓肠肌。呼气，左腿缓慢地落下至接近地面。吸气，抬双腿至 90° ，握住左侧腓肠肌。呼气，放低右腿。每侧腿重复 10 次。

097 泡沫轴剪刀式

仰卧，放一泡沫轴于骶骨下方。吸气，双腿向天花板伸展，手臂向躯干两侧伸展。呼气，右腿缓慢落下至与地面平行。吸气，抬双腿至 90° 。交换腿部练习，重复 10 组。

098 单车扭转

仰卧，双腿置于桌面位置。双手于枕后紧扣，吸气，头部卷离垫面。左腿伸展至 45° 时，身体向右侧扭转。呼气，左肘触碰右膝。两侧流畅地交替进行，重复 5 组。

099 蹬骑单车

仰卧，双腿置于桌面位置，双手放于躯干两侧。双腿垂直伸向天花板，双手放于臀部以保持平衡。右腿直伸过头，同时左膝屈曲。像“蹬自行车”一样持续蹬骑 30 秒。

100

双腿拉伸

双腿伸展运动对腹肌来说是很好的锻炼，尤其是对腹内斜肌和腹横肌。记住，伸展上肢和腿时位置越低，难度就越大。应从上下肢伸展到 45° 以上进行平稳、可控的练习开始。

正确姿势

稳定躯干和臀部，保持腹肌平坦。把注意力集中在膝部，来稳定动作。

注意

不要通过向胸部摆动膝部来作弊。

注释

粗体字表示目标肌肉

黑体字表示其他工作肌肉

* 表示深层肌肉

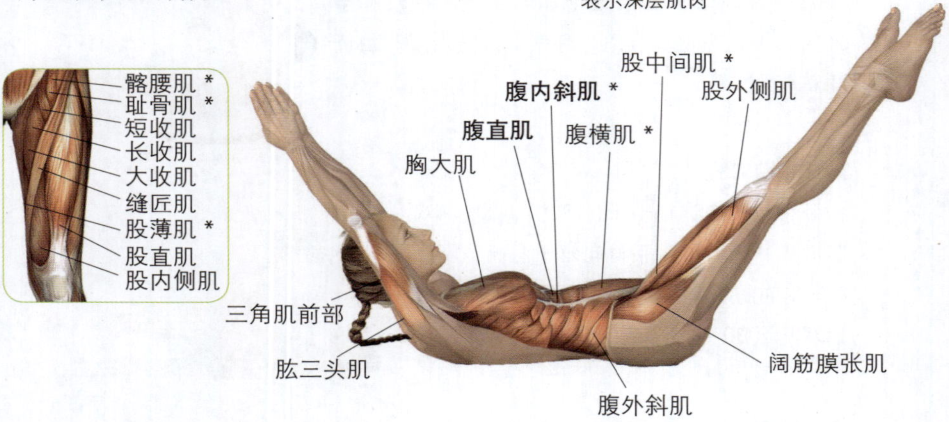

- 仰卧，双腿抬至桌面位置，双足背屈。吸气，头颈部卷起离垫，双手放于膝部外侧。
- 呼气，手臂和双腿各自伸展至 45° ，足趾前伸。
- 吸气，双腿返回至桌面位，双臂从外侧环绕回膝部。重复 10 次。

101 双腿伸展准备

仰卧，将双膝贴近您的胸部，双手放于足踝。吸气时，头颈部卷起离垫。呼气时，举双腿伸至 45°，并保持手臂与躯干在一条直线上。重复 10 次。

102 魔力圈双腿拉伸

双腿起于桌面高度。两大腿间夹魔力圈并保持平衡。用大腿内侧挤压魔力圈，并按双腿拉伸（#100）动作要领完成练习。

103 双腿弹力带挤压

双腿起于桌面高度，双足缠绕弹力带。双手握住弹力带两端，肘部支撑于垫上。呼气时，将腿部拉至 45°。呼气，返回最初位置，重复 10 次。

104 平衡球腿部推举

平衡球看似很简单，但它是一个具有挑战性，促进稳定和协调能力的器具。在平衡球上做仰卧起坐可提高双腿拉伸（#100）效果。

- 仰卧于平衡球上，双足平放在地面上，双手枕后紧扣。
- 伸展腿部至 45°，前屈头颈部，逐节活动脊椎关节。落回至初始位置。
- 动作要缓慢、流畅。重复 10 次。

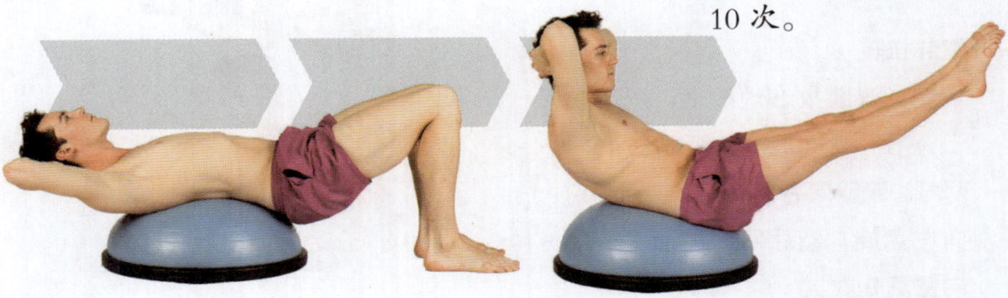

105

双腿盘旋

双腿盘旋会锻炼你的侧屈能力。这个练习涉及在上半身和手臂稳定状态下双腿进行画圈运动时的旋转，圆圈越大、越宽，锻炼难度就越大。在整个运动过程中尽量保持腹肌均衡工作。

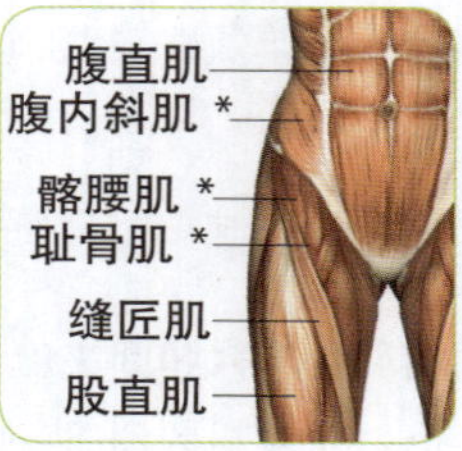

正确姿势

保持背部和上肢牢牢地压在垫面上。将肩胛骨向下拉。如果感到关节有任何压力，可稍微弯曲膝部。

注意

不要耸肩或拱背。

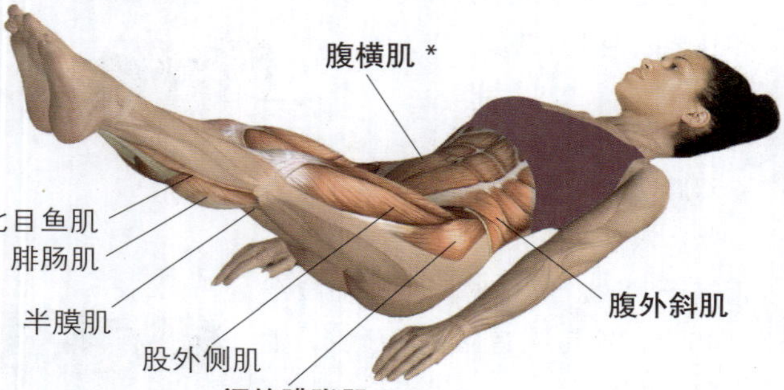

注释

粗体字表示目标肌肉

黑体字表示其他工作肌肉

* 表示深层肌肉

- 仰卧，双腿向天花板延展伸直。双腿、双踝紧靠在一起，足趾前伸。
- 吸气，双腿向右侧降落，继续向前、向左盘旋，最后回到中位。
- 呼气，完成盘旋。每个方向重复 5 次。

106 髋部扭转

坐姿，双腿放在地板上，双手支撑于背后。吸气，抬起双腿至 45° 。呼气，双腿向右侧降落，继而向前、向左盘旋，然后回到前面。每个方向重复 5 次。

107 泡沫轴双腿盘旋

仰卧，臀部放泡沫轴上。保持上半身在垫子上，双臂向两侧伸展。抬双腿至 90° ，与髋同宽，足趾前伸。双腿缓慢地做小幅度画圈。每个方向重复 5 次。

108 钟摆式

仰卧，双腿伸向天花板。吸气，向右侧放低双腿；呼气，拉双腿回到中间位。吸气，向左侧落双腿；呼气，返回起始位。重复 5 组。

109 普拉提球双腿盘旋

仰卧，双踝间夹持一普拉提球，双腿指向天花板。双腿用力压球同时按双腿盘旋（#105）动作要领练习。每个方向重复 5 次。

110 普拉提球支撑盘旋

坐位，双腿平放在地面上，前臂撑起身体。双足踝间夹持一普拉提球并挤压球体。动作要领与双腿盘旋（#105）相同。每个方向重复 5 次。

111 高阶盘旋

开始时坐于地面上，将腿和躯干抬起，呈 V 形位，手臂前伸，平行于地面。上肢和腿做相反的盘旋动作，双臂上抬向右旋转，同时腿向下、向左旋转。每个方向重复 3 次。

112 魔力圈盘旋

仰卧，双腿向天花板伸展，双膝间夹持一魔力圈。双腿挤压魔力圈的同时按双腿盘旋（#105）动作要领练习。每个方向重复 5 次。

113

弓箭步拉伸

向前弓箭步能增强臀肌和腘绳肌的力量，拉伸髋屈肌。这种功能锻炼与日常行走非常相似。所以，如果你正确地进行该伸展运动，会很快在日常行走中感受到益处。

正确姿势
动作过程中保持躯干直立。双眼注视前方。

注意
不要耸肩。

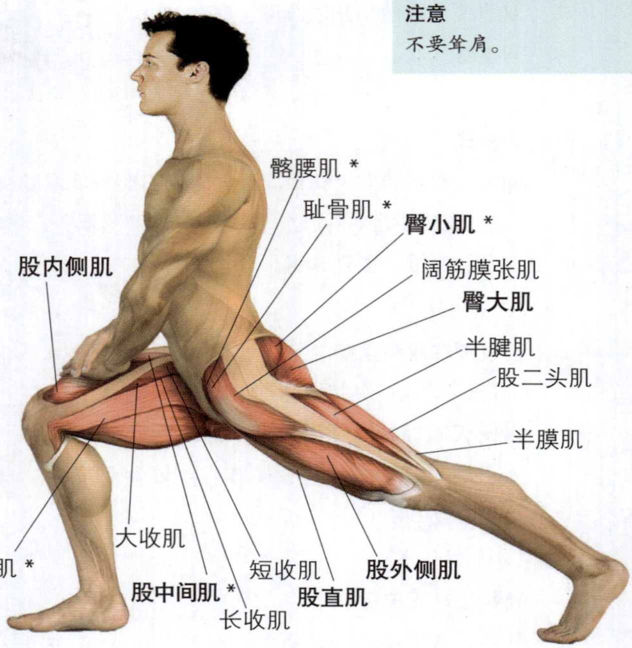

注释
粗体字表示目标肌肉
黑体字表示其他工作肌肉
* 表示深层肌肉

- 双腿分开站立，与髋部同宽。腹肌参与动作，肩胛骨下拉到背中部。吸气，右足向前迈一步，弯曲膝部，重心向前移动。
- 双手放于屈曲的膝部。
- 恢复到站立位，每侧腿重复5次。

114 直立弓箭步拉伸

直立弓箭步拉伸着重于臀部和腹部的稳定。向前卷曲时，可稳定骨盆和拉伸脊柱。

- 跪于垫上，右足跨步前伸。吸气，举双臂于头顶。
- 呼气，躯干向前卷曲，将胸部拉向右侧大腿，双手触地。
- 恢复至最初位置 ，每侧重复 5 次。

115 屈曲弓箭步拉伸 1

跪于垫上，左足向前跨步。吸气时，动员腹肌，举双臂于头顶。呼气，保持躯干直立，重心前移。 恢复至初始位置。每侧重复 5 次。

116 屈曲弓箭步拉伸 2

跪于垫上，右足向前跨步。吸气时，动员腹肌，拉伸脊柱。呼气时，保持躯干直立，重心前移。双臂前伸平行于地面。恢复至最初位置。每侧重复 5 次。

117 屈曲弓箭步拉伸 3

跪于垫上，右足向前跨步。吸气，动员腹肌，拉伸脊柱。双手握于身后。呼气，保持躯干直立，重心前移。恢复至最初位置。每侧重复 5 次。

118

侧弓箭步

侧弓箭步以大腿内、外侧肌，臀大肌和股四头肌为练习目标。该练习也能稳定核心区，提高身体的平衡性。当取得进步时，可以在侧弓箭步中加入轻微的重量。

正确姿势

骨盆收紧，控制运动。双足平放垫上，双膝朝向同一个方向。

注意

向一侧移动时，臀部不要晃动。

- 直立位，双足分开，与髋部同宽，双臂放在躯干两侧。吸气，腹肌参与动作。
- 呼气，左足向外侧跨步，屈膝。双臂前伸。
- 恢复至站立位，每侧重复 5 次。

119 抬臂侧弓步

直立位，双足分开，与髋部同宽。手持轻型哑铃于身体两侧。吸气，动员腹肌。呼气，右足向外侧跨步，屈膝，同时举双臂向两侧伸展。恢复至站立位，每侧重复 5 次。

120 侧弓步拉伸

直立位，双足分开，与髋部同宽，双臂放于躯干两侧。吸气，动员腹肌。呼气，左足向外侧跨步。同时向前屈身至手掌触地。恢复至站立位，每侧重复 5 次。

121 时钟弓箭步

当你可以连续做 3 次练习的时候，为什么只做一种类型的弓步呢？时钟弓步就可以连续进行前弓步、侧弓步和反向弓步练习。在这个练习中，可使臀部得到很重要的锻炼。

- 站立位，双足分开，与髋部同宽，双手放于髋部两侧。吸气，动员腹肌。
- 呼气，右足向前跨步呈前弓箭步，再返回至中间位置。
- 右足向右侧跨步呈侧弓箭步，再返回至中间位置。右足向后迈出一步呈后弓箭步。
- 继续按顺时针方向重复 5 次。

122

桥式练习

桥式练习会调节臀肌和腿部肌肉，而不会压迫关节或下背部。通过缓慢、有意识地进行脊柱关节逐节活动，桥式练习可以改善脊柱的排列和灵活性，也有利于整体平衡能力的提高。

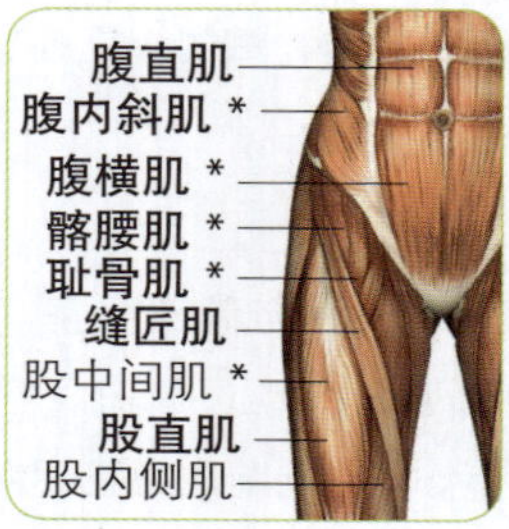

正确姿势

双足放在靠近臀部的地方。从肩部到膝部呈一条直线，保持臀部一直抬起。

注意

不要把臀部举得过高，并避免弓背。

注释

粗体字表示目标肌肉

黑体字表示其他工作肌肉

* 表示深层肌肉

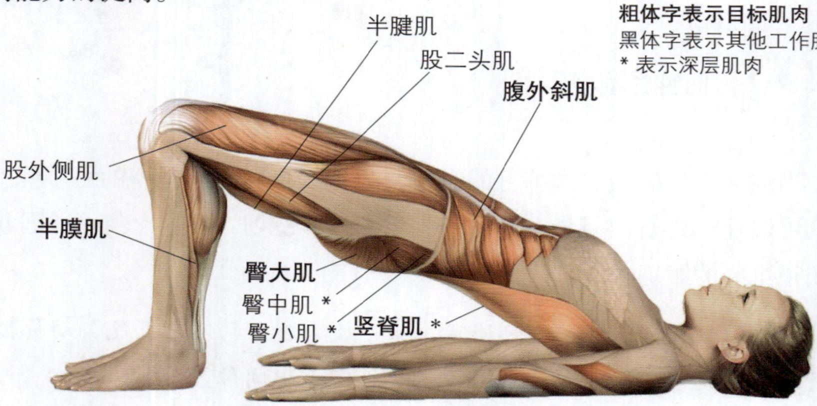

- 仰卧，双膝屈曲，双足靠近臀部。双臂放于躯干两侧，吸气。
- 呼气，从垫子上一次一节脊椎，卷起尾骨和背部。
- 保持桥式做一次呼吸（3～5 秒）。
- 慢慢地卷曲脊柱回到垫子上。重复 10 次。

123 桥式举腿

仰卧，双膝屈曲，双手放于躯干两侧。吸气，举右腿至桌面位置。呼气，背部从垫上卷起。保持桥式呼吸 1 次。脊柱回卷落垫。每侧腿重复 5 次。

124 普拉提球桥式

仰卧，双臂放于躯干两侧。双膝间放置一普拉提球，举双腿至桌面位置。呼气，双足落垫，背部从垫上卷起，同时挤压普拉提球。保持 1 次呼吸。脊柱回卷落垫，重复 5 次。

125 梨状肌拉伸桥式

仰卧，双膝弯曲，双臂放于躯干两侧。吸气，左踝交叉放于右膝部。呼气，背部从垫上卷起。保持桥式呼吸 1 次。脊柱慢慢回卷落垫。每侧腿重复 5 次。

126 泡沫轴桥式

仰卧，双膝屈曲。双足放于泡沫轴上，吸气。呼气，背部从垫上卷起。保持 1 次呼吸。脊柱回卷落垫。重复 5 次。

127 桥式臀举

仰卧，双膝屈曲，双臂放于躯干两侧。吸气，右腿直立上举朝向天花板。呼气，背部从垫上卷起并保持右腿伸展。保持桥式呼吸 1 次。脊柱回卷落垫。每侧重复 5 次。

128

抬臀举腿

抬臀举腿建立在桥式（#122）动作的基础上，需要固定桥式姿势配合腿部抬升和降落。

正确姿势

在整个运动过程中保持臀部稳定与一致。从肩部到膝部保持在一条直线上。

注意

避免臀部或骨盆随腿起落。

注释

粗体字表示目标肌肉

黑体字表示其他工作肌肉

* 表示深层肌肉

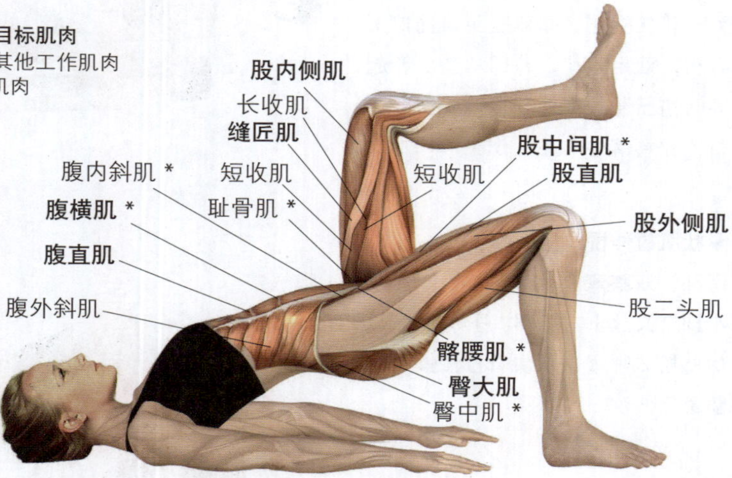

- 仰卧，双膝屈曲，双臂放于身体两侧。
- 呼气，背部从垫上卷起，一次一节脊椎。吸气，抬左腿至桌面位置，足背屈。然后足下降，落垫上。
- 右腿重复，像“行走”一样。每侧腿重复 5 次。

129 桥式腿压普拉提球

仰卧，双膝屈曲，双臂放于身体两侧。双膝间夹一普拉提球，吸气。背部从垫上卷起，同时挤压普拉提球。保持 20 秒回落。重复 5 次。

130 桥式腿举

起于桥式位。吸气，伸展右腿至 45° ，绷足尖。落腿直至与地面平行，足背屈。抬腿返回至 45° 。每侧腿重复 5 次。

131 魔力圈桥式

仰卧，双膝屈曲，双臂放于躯干两侧。两大腿间夹一魔力圈，吸气。背部从垫上卷起，同时挤压魔力圈。保持 20 秒，背部回落。重复 5 次。

132 桥式腿落

起于桥式（#122）。吸气，右腿向天花板伸展，绷足尖。右腿下落至 45° ，再向上拉回伸展位。每侧重复 5 次。

133 瑞士球桥式

坐在瑞士球上，双腿分开，与髋部同宽。吸气，双臂向前伸展。呼气，随双足行走，脊柱向后卷曲躺到球上。手臂举向天花板，保持 20 秒。慢慢上卷拉回到起始位置。

134

低位平板支撑

低位平板支撑为其他平板动作建立了强大基础，能增强整个力量，提高脊柱的稳定性。控制呼吸，集中精力保持正确的姿势。逐步练习，直到能保持该姿势 60 秒。

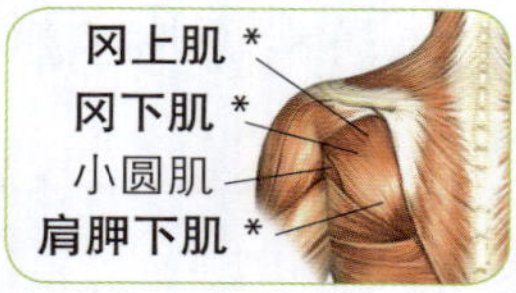

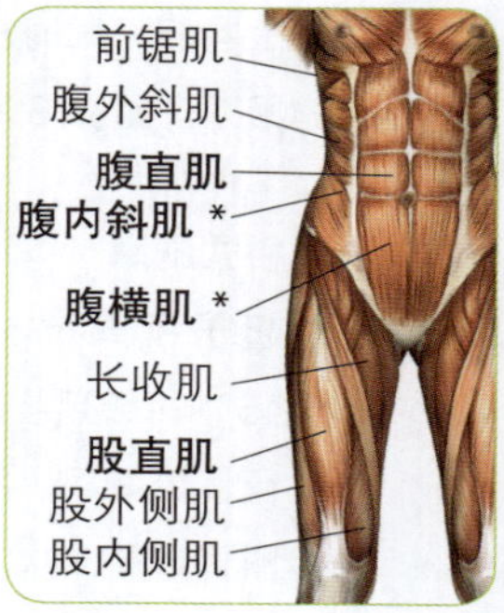

注释
粗体字表示目标肌肉
黑体字表示其他工作肌肉
* 表示深层肌肉

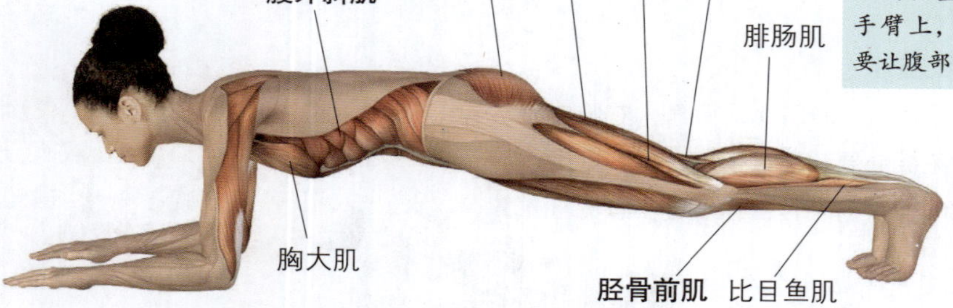

正确姿势
稳定腹部；肩胛骨拉向背部；拉伸并放松颈部。

注意
不要把整个体重压在手臂上，努力控制不要让腹部下垂。

· 俯卧于垫上，双臂向前伸展，绷起足尖。
· 上推躯体，前臂撑于地面，从肩到足形成一条直线。
· 保持几个呼吸，身体落回垫上，重复 5 次。

135 平板膝落

采取低位平板支撑（#134）姿势。保持躯干稳定，臀部水平位。屈左腿至膝部触垫。缓慢返回至低位平板支撑。双腿交替练习，每侧重复 5 次。

136 蜘蛛平板

以低位平板支撑（#134）开始。保持躯干稳定，臀部水平位，屈曲左腿，向外侧抬起，用膝部触碰肘部。保持几个呼吸，交换腿部。每侧重复 5 次。

137 臂伸平板

采取低位平板支撑（#134）姿势。保持躯干稳定，臀部水平位。手臂侧伸与地面平行。缓慢地返回至低平板支撑，两手臂交替进行。每侧重复 5 次。

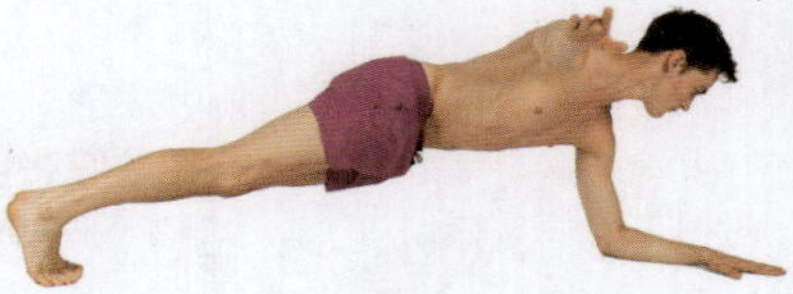

138 低高平板

以低位平板支撑（#134）开始。先伸直右臂，然后左臂伸直，呈高平板支撑（#156）。保持几个呼吸，左臂落位，然后右臂落位。保持并重复 5 次。

139 四肢举平板

这种平板支撑教你学会用对抗的力量来保持平衡。当向相反的方向拉伸四肢时，会感受能量从你的手和足趾释放出来。

- 采取低位平板支撑（#134）。保持躯干稳定，拉伸颈部，吸气。
- 向前伸展左臂，同时抬起右腿至臀部高度。
- 保持一个呼吸，回位。然后伸右臂抬左腿，共重复 10 次。

140

侧卧踢腿

侧卧踢腿可提高髋关节的灵活性，增强大腿和腹部肌肉力量。练习过程中，集中精力用核心肌群来稳定上半身。腹肌参与动作，肩胛骨向背部下拉，让腿的移动精确而流畅。

正确姿势

在整个练习过程中，以可控的方式摆动腿，并保持同样的高度。保持躯干稳定，髋部微屈，以减轻背部的紧张。

注意

不要旋转髋部或弯曲膝部。

注释

粗体字表示目标肌肉

黑体字表示其他工作肌肉

* 表示深层肌肉

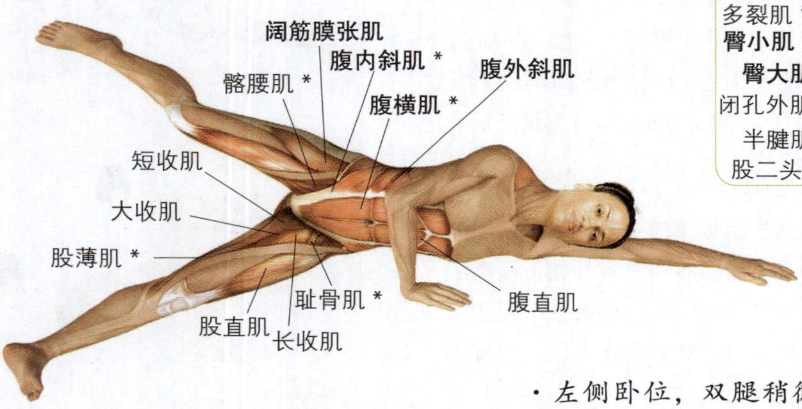

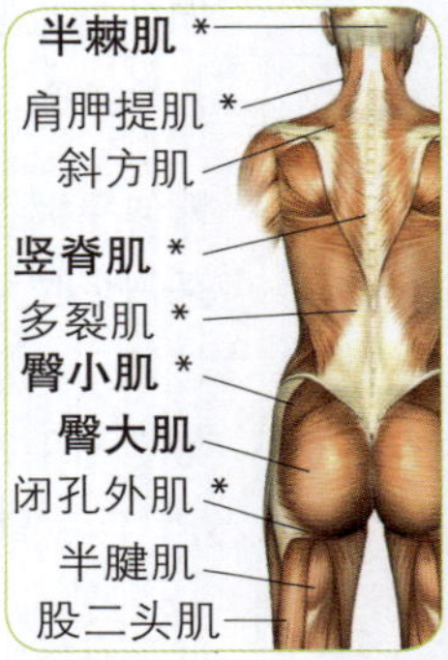

- 左侧卧位，双腿稍微前移，与躯干呈 V 形。头放在伸展的左臂上，右手放在胸部附近。
- 吸气，轻微抬起右腿，足背屈。
- 向前踢腿，受限时，向后踢腿。
- 每侧腿重复练习 10 次。

141 侧卧摆动

左侧卧位，双腿稍微前移。左手撑头，右手放于胸部附近。按侧卧踢腿（#140）动作进行练习。每侧腿重复练习 10 次。

142 侧卧蹬车

左侧卧位，双腿稍微前移。左手撑头，右手放胸部附近。吸气，抬起右腿至臀部高度。呼气，屈右膝，尽量向前拉伸，然后向后踢腿回位。每侧重复练习 10 次。

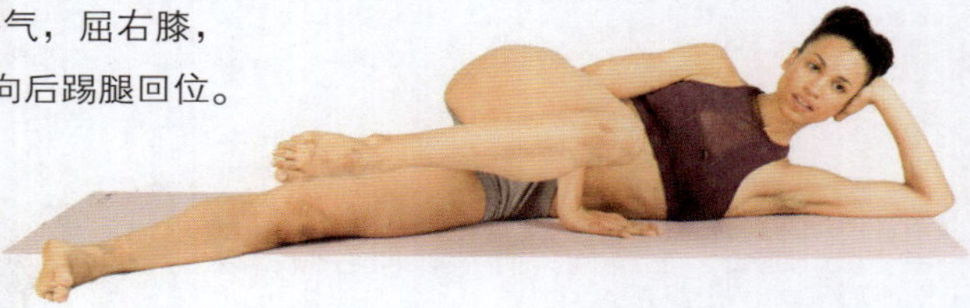

143 高阶侧踢

在这一系列练习中，保持躯干离地，以增加难度。

- 右侧卧位，双腿稍微前移，使身体呈 V 形。
- 抬起右肘，双手抱于头后。
- 吸气，轻微抬起左腿，足背屈。
- 左腿向前踢，受限时，向后踢腿。每侧重复练习 10 次。

144 侧卧魔力圈踝压

右侧卧位，双腿稍微前移与躯干呈 V 形。右手支撑头部，双踝间夹一魔力圈，左腿下压。保持 20 秒。换对侧重复。

145 侧跪举腿

跪姿，右腿向外侧伸展，向左倾斜，以左手侧位撑于地板，右手放于臀部。右腿侧向抬起，保持躯干稳定。固定姿势 10 秒，落腿回位。每侧重复 5 次。

146 侧跪环绕

跪姿，左腿向外伸展，向右倾斜以右手侧位撑于地板，左手放于臀部。侧向抬起左腿，稳定躯干。做向前、向下、向后环绕动作。恢复至最初位置，每侧重复 5 次。

147 侧跪摆腿

侧跪摆腿有助于改善平衡能力，增加髋屈肌的灵活性。该练习对核心力量也是挑战。

- 跪姿，右腿向外伸展到一侧。左手侧位支撑，吸气。
- 上抬右腿离地至接近臀高。
- 呼气，向前、向后摆腿，保持骨盆稳定。每侧重复 5 次。

148

低侧面支撑

低侧面支撑能改善平衡和姿势，增强耐力。也是锻炼腹部斜肌、臀部和上臂肌的绝佳动作。注意保持整个身体处于适当的姿势，并精确控制运动。

注释
粗体字表示目标肌肉
黑体字表示其他工作肌肉
* 表示深层肌肉

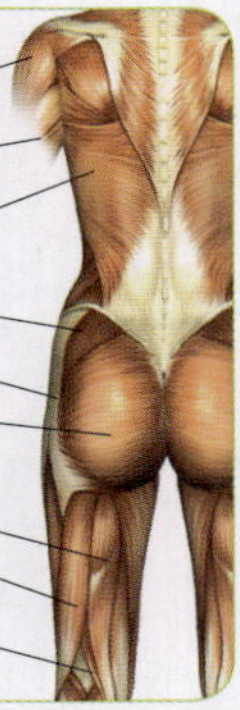

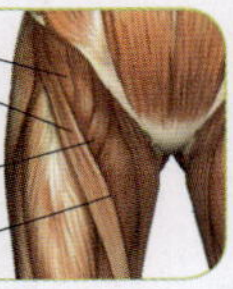

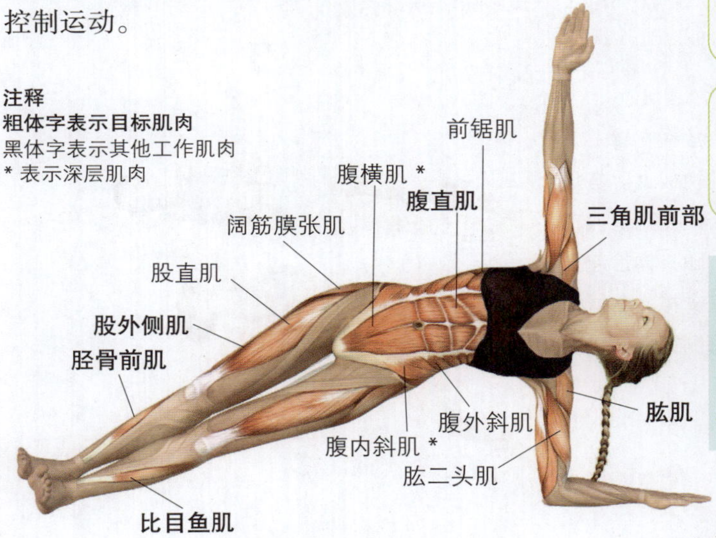

正确姿势
把臀部和肩膀向上拉，拉伸颈部。收紧坐骨有助于稳定骨盆。

注意
不要耸肩或压低髋部。

- 起始于低位平板支撑（#134），双足分开，与髋部同宽。肘部放在肩部正下方。吸气，将肚脐拉向脊柱。
- 呼气，向右侧扭转躯干，右臂伸展指向天花板。
- 固定姿势，保持几个呼吸，恢复至最初位置。每侧重复 3 次。

149 侧跪抬腿

从跪姿开始，右腿向外侧伸展，向左侧倾斜。以左手侧位撑于地板，伸展右臂于头顶。当抬起右腿时，右臂落下触腿。每侧重复 5 次。

150 体侧屈

左侧卧位，头放在左臂上。右手放在身前地板上。右足踝稍微前移至左足踝前。左手拉回肩旁，随身体抬起离垫，左臂伸直支撑，右臂上伸至头顶。每侧重复 3 次。

151 高侧撑

高侧撑可以在稳定臂部、躯干和肩部的同时增强核心肌力和上臂肌力。

- 跪在垫上，采用高平板姿势（#156）。躯干向右旋转，右臂伸展指向天花板。
- 双眼向上注视，髋部上抬，手臂上拉。
- 保持 20 秒，回位。每侧重复 3 次。

152 侧屈扭转

右侧坐位，右倾以右臂侧位支撑。左手放在身前地板上。左足踝稍微前移放在右足前。吸气，抬起身体，伸展左臂于头顶。呼气，左手臂向下转至胸部下方。每侧重复 3 次。

153 星星举

左侧坐位，左倾以左臂侧位支撑。右手放身前地板上。身体从地板上抬起，伸展右臂至头上方，右腿抬起与髋部同高。保持 10 秒，下落回位。每侧重复 5 次。

154 四肢放下星星式

左侧坐位，左倾以左臂侧位支撑。右手放在身前地板上。身体从地板上撑起，伸展右臂至头顶，右腿抬起与髋同高。右臂和右腿落下再抬起，每侧重复 5 次。

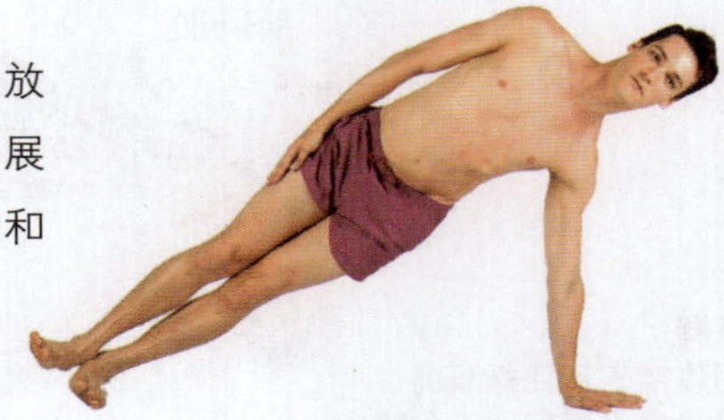

155 侧跪高阶踢腿

稳定性、力量和平衡都在这个具有挑战性的踢腿变式中发挥作用。

- 跪姿，向外侧伸展左腿。
- 向右倾斜，双手于枕后紧扣。
- 动员腹肌，保持躯干稳定，左腿在侧位抬起、放下。
- 每侧腿重复 5 次。

156

高位平板支撑

高平板支撑提供全身锻炼，加强核心肌、肩部、手臂、腿和臀部肌。因为它整合了整个身体，需要积极地协调练习中所有参与的肌肉。坚持练习直到能保持高位平板支撑 60 秒。

正确姿势

保持体重沿身体均匀分布。保持两足跟并拢。

注意

不要屈膝或屈肘，避免腹部下垂。

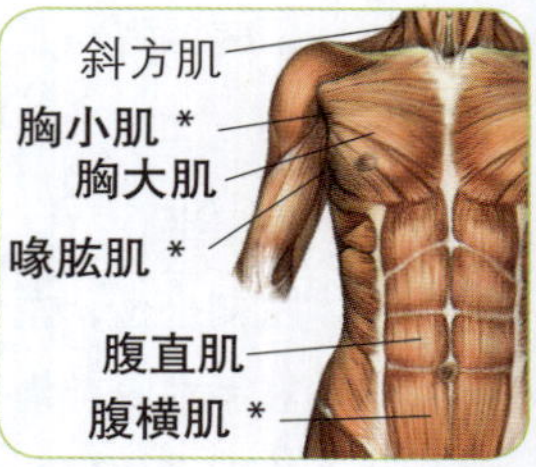

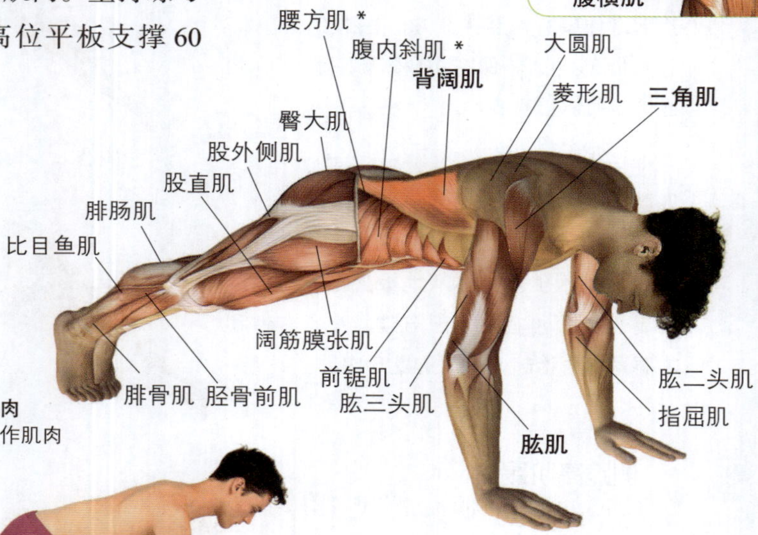

注释

粗体字表示目标肌肉

黑体字表示其他工作肌肉

* 表示深层肌肉

- 四肢着地，跪在地上，双手比肩部略宽一点。
- 双腿后伸，呈高平板支撑位，并与后背形成一条直线。
- 收腹，固定姿势，保持几次呼吸。

157 腿部牵拉

采用高位平板支撑姿势（#156），双足分开，与髋同宽，吸气。呼气，抬右腿至臀部高度，足背屈。吸气，右腿回落。两腿交替进行，完成 5 组。

158 腿部牵拉伸展

采用高位平板支撑姿势（#156），双足分开，与髋同宽，吸气。呼气，抬右腿伸左臂。吸气，返回至初始位置。双侧交替进行，完成10组。

159 高位平板支撑拉膝

采用高位平板支撑姿势（#156）。双足分开，与髋同宽，吸气。呼气，抬左腿向胸部拉膝，头部向下卷曲。吸气，返回至初始位置。两腿交替进行完成 5 组。

160 高位平板膝部扭转

采用高位平板支撑姿势（#156）。双足分开，与髋同宽，吸气。呼气，抬右腿向胸部拉膝，扭转至左侧，同时向下卷曲头部。吸气，返回至初始位置。两腿交替进行完成 5 组。

161 猩猩走

站立位，弯腰至双手触地。用手行走远离双足至高位平板支撑姿势。从肩部到足跟沿背部形成一条直线。收腹，固定姿势，保持几次呼吸。

162

高位平板支撑屈体

平板支撑屈体是一种恢复活力的倒置运动，可以改善血液循环，减少颈部紧张。该式通过打开椎骨之间的空隙，减轻脊椎的压迫，延伸脊椎的长度。就像所有平板练习一样，这是一个很好的全身锻炼。

正确姿势

保持脊柱挺直，腹部绷紧。延伸腿部肌肉。控制运动节奏，有节奏地呼吸。

注意

不要使肩部紧张。

注释

粗体字表示目标肌肉

黑体字表示其他工作肌肉

* 表示深层肌肉

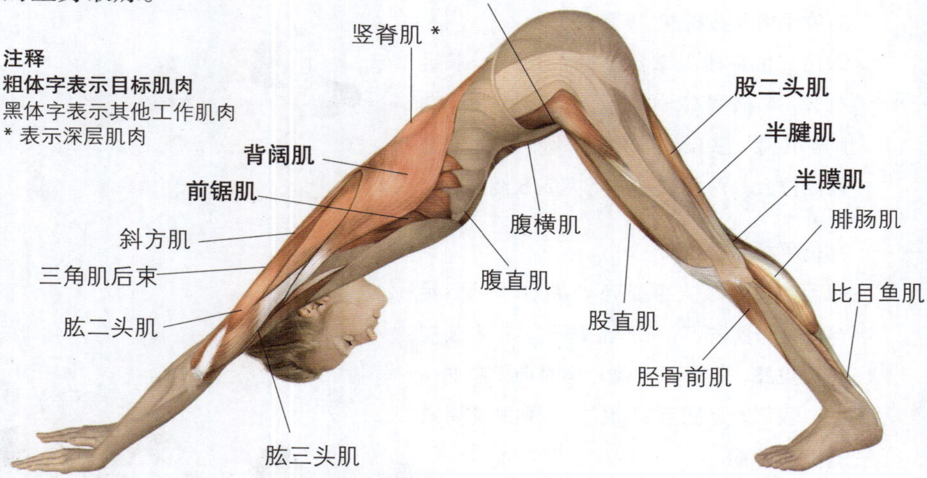

· 采用高位平板支撑姿势（#156），双足分开，与髋同宽。

· 抬起臀部，身体呈倒 V 形。足跟压地，保持数次呼吸时间。

· 把肩部和臀部调整到高位平板姿势。保持几次呼吸，重复 5 次。

163 泡沫轴屈体

以高位平板支撑姿势(#156)开始，将泡沫轴放于小腿下。以髋部和肩部为轴心，抬高臀部，保持几次呼吸。慢慢地回到高位平板支撑姿势上。重复5次。

164 瑞士球屈体

以高位平板支撑姿势 (#156) 开始，将瑞士球放于小腿下。以髋部和肩部为轴心，抬高臀部，保持几次呼吸。慢慢地回到高位平板支撑姿势上。重复5次。

165 平板支撑拉膝

高平板提膝可以改善协调和平衡能力。也能发展核心力量，并使腘绳肌和腓肠肌获得灵活性。

- 采用高位平板支撑姿势（#156）。将左膝拉向胸部。
- 左腿向后伸展指向天花板，从双手到抬升腿形成一条直线。
- 固定姿势，保持几个呼吸，两腿交替进行，每侧3次。

166

反向平板支撑

反向平板支撑能增强肩部的稳定性，发展上肢和核心力量。还会让下背部肌、三角肌和臀肌参与其中。如果你的肩部柔韧性不能支持完成这一练习，首先要对前臂动作进行调整，用自己的方法建立完整的反向平板姿势。

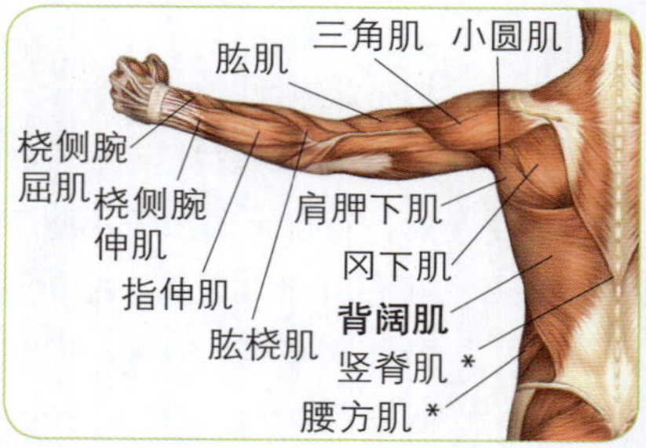

注释
粗体字表示目标肌肉
黑体字表示其他工作肌肉
* 表示深层肌肉

正确姿势

打开胸部，从肩部到足踝形成一条长长的直线。如果肩部或胸部不适，稍微改变一下手的位置。

注意

尽量不要让臀部下垂或者让颈部紧张。

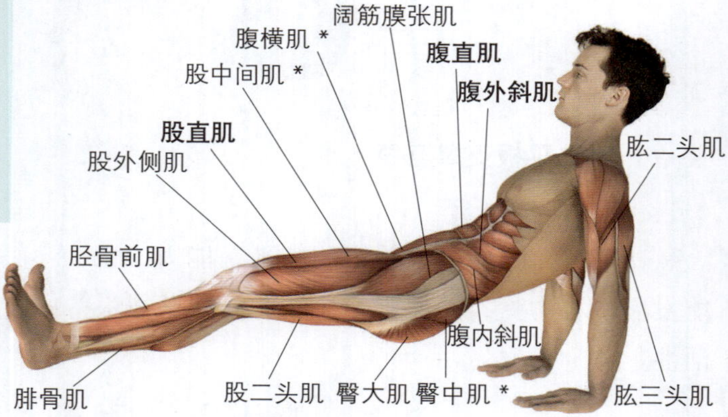

- 坐姿，双腿向前，双手置于身后，手指指向臀部。
- 双手用力后推，抬起胸部和臀部。
- 保持骨盆稳定，固定姿势，坚持几个呼吸，然后慢慢落位。

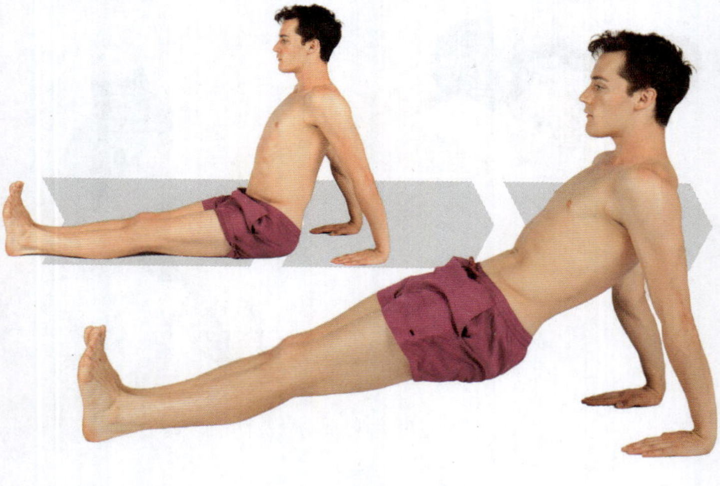

167 反向平板抬腿

以反向平板姿势开始（#166）。保持臀部对称和骨盆的稳定，抬起右腿。足背屈，保持一次呼吸，然后落下右腿。双腿交替进行，每侧重复 5 次。

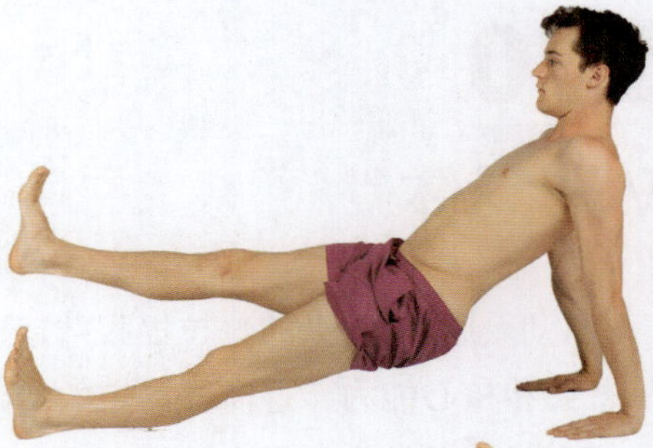

168 反向平板屈膝抬腿

坐姿，屈膝，双手置于背后。抬高臀部至躯干平行于地面。抬左腿至桌面位置，保持一次呼吸，然后落下。每侧腿重复 10 次。

169 臂屈伸

就像反向平板一样，臂屈伸练习目标是上臂，可以提高肩关节的灵活性。努力在足跟上平衡就会从这个肌肉练习中获得最大的好处。

- 坐姿，膝部屈曲。双臂置于身后，屈肘，手指向前。
- 双臂伸直，臀部从垫上抬起。
- 向下推足跟，从垫子上抬起足趾。
- 躯干缓慢降低至接近垫面，然后再抬起，重复 5 次。

170

V 形悬体

V 形悬体为终极的普拉提腹部运动，挑战平衡和核心能力，这需要一定的实践练习才能完成，但是你的努力会得到更强的核心肌力，也会改善脊柱的稳定性。

注释
粗体字表示目标肌肉
黑体字表示其他工作肌肉
* 表示深层肌肉

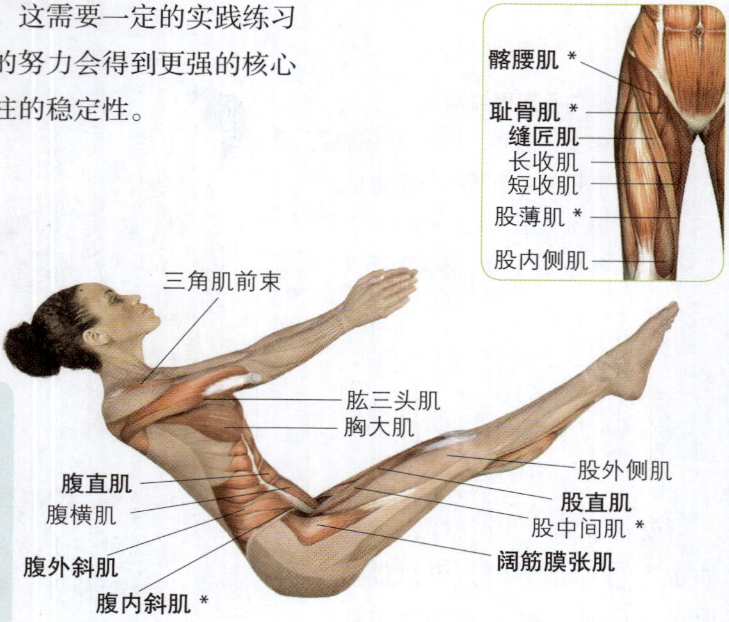

正确姿势
双腿并拢靠紧，腹肌始终参与动作。扩展胸部，向前推动胸骨。保持肩部下沉。

注意
不要弓背，避免借助冲力抬升自己。

- 仰卧，双手伸过头顶。收腹，吸气。
- 呼气，向上卷曲躯干，同时抬高双腿，躯干和腿部呈 V 形。
- 抬双臂与双腿平行。
- 慢慢放低，重复 3 次。

171 V 形悬体准备

坐姿，屈膝，双臂伸过头顶。腹部收紧，吸气。随着下背部向后卷落，逐节活动脊柱关节，伸展手臂至与地板平行。固定姿势，保持几次呼吸，重复 3 次。

172 单腿 V 形悬体

坐姿，屈膝，双臂伸过头顶。腹部收紧，吸气。躯干卷起离垫至 45°，逐节活动脊柱关节，右腿抬高到 45°，固定姿势，并保持几次呼吸。保持双臂平行于地板。慢慢回落，重复 5 次。

173 V 形悬体改进版

仰卧，屈膝，双臂伸过头顶。腹部收紧，吸气。呼气，躯干卷起离垫到 45°，逐节活动脊柱关节，同时抬高双腿至 45°。双臂伸展至肩部高度，并保持几次呼吸。慢慢回落，重复 5 次。

174 V 形悬体脊柱堆叠

仰卧，屈膝，双臂伸过头顶。吸气，逐节拉起脊椎，背部离垫。手臂伸到头顶，保持脊柱堆叠做一次呼吸。腿部抬高到 45°，使躯干和腿呈 V 形。下落回位，重复 5 次。

175

瑞士球悬体

虽然瑞士球为双腿提供了支持，仍要求精确地控制平衡。瑞士球悬体将改善脊柱排列和增强核心肌力。

- 仰卧，小腿放在瑞士球上。吸气，动员腹肌。
- 慢慢将脊柱从垫上抬离，然后呼气。下背部保持一个轻微的 C 形曲线，同时手臂向前伸展。
- 固定姿势，保持几次呼吸。下落回位，重复 5 次。

176 悬体蹬腿

仰卧，屈膝，双臂伸过头顶。卷曲躯干至 45°，双足跟紧靠在一起，双膝轻微打开。双足从地板上抬起。呼气，将腿抬高至 45°，保持勾足状态。下落回位，重复 3 次。

177 悬体蹬腿扭转

除了腿部的伸展，以悬体蹬腿（#176）为准备姿势，足尖绷直，向右侧扭曲，打开手臂。下落回位，每侧重复 3 次。

178

侧卧举双腿

在侧卧举双腿中，需要同时举起两条腿。双腿紧靠，让大腿和臀部肌肉参与动作。该练习的目标是腹部斜肌，并改善臀部的运动范围。

正确姿势

脊柱保持中立位，延伸躯干。使腿部、肩部和臀部紧靠以保持稳定。

注意

不要转动臀部来帮助你的动作。避免依靠手来推腿。

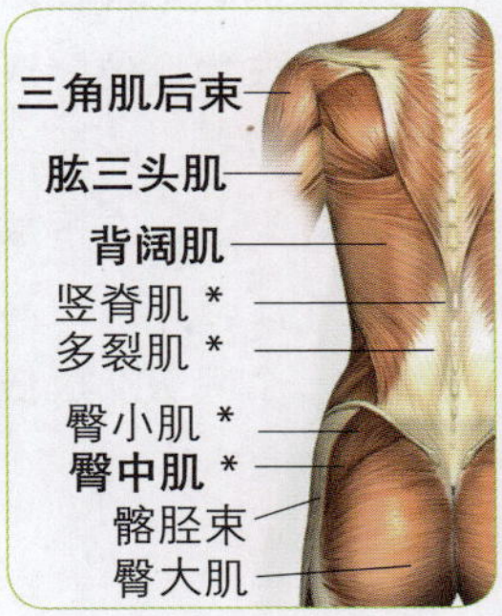

注释
粗体字表示目标肌肉
黑体字表示其他工作肌肉
* 表示深层肌肉

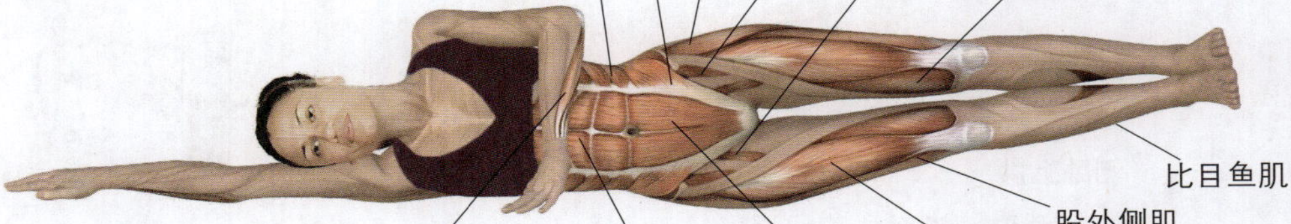

- 侧卧，头枕在你伸直的右臂上。把左手放在地板上。
- 双腿紧并，抬起，将其从髋臼中拉伸出来。
- 放低双腿，每侧重复 3 次。

179 侧卧夹球举双腿

左侧卧位，双踝间夹持普拉提球。头放在伸展的左侧手臂上，右手放在地面上。挤压球体，抬高双腿，保持一个呼吸。放低双腿，每侧重复 3 次。

180 泡沫轴侧卧举腿

左侧卧位，泡沫轴置于臀部下方。左侧前臂支撑于地面，右手放于髋部。双腿并拢靠紧，举双腿，固定姿势，保持几个呼吸。放低双腿，每侧重复 3 次。

181 侧卧上拱

左侧卧位，头部放于伸展的左手臂上。右手放于身前地面上。双腿并拢靠紧。抬起双腿，从垫子上抬高躯干。保持几个呼吸，然后下落回位。每侧重复 3 次。

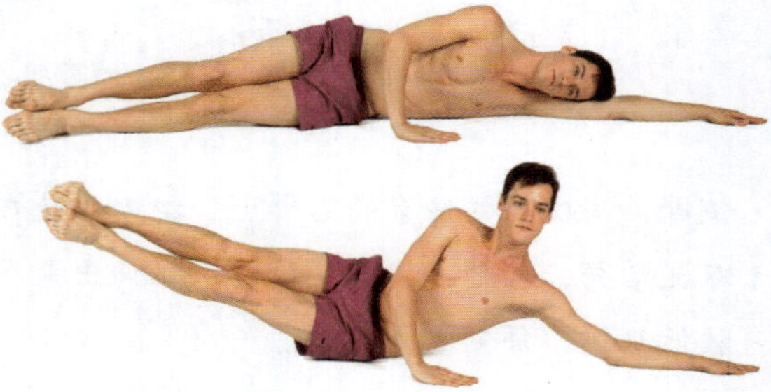

182 侧卧剪刀式

左侧卧位，左肘支撑起身体。双腿抬起离垫 10 cm。以剪刀动作向前向后交替运动双腿。放低双腿，每侧重复 3 次。

183 侧卧蹬车

左侧卧位，左肘支撑头部。向前屈右膝，伸直右腿，然后向后摆腿，再屈膝。每侧重复5次。

184 蚌式

左侧卧位，左肘支撑头部。小腿屈曲向后，从地面上抬起双足。保持双足并拢靠紧，抬右膝呈蚌式，保持1个呼吸。落膝闭合，每侧重复3次。

185 蚌式伸腿

左侧卧位，左肘支撑头部。小腿屈曲向后，从地面抬起双足。保持双足并拢靠紧，抬右膝呈蚌式，向上伸展右侧腿，然后右腿返回至蚌式，重复3次。返回起始位，对侧腿重复。

186 侧卧抬低侧腿

右侧卧位，右肘支撑头部。左手放在地面上。抬左腿至肩部高度。抬高右腿去碰左腿，然后放低右腿至接近地面。每侧重复3次。

187

侧抬腿系列

侧抬腿系列挑战你的耐力，腿部振动以及腿部位置微细变化的协调性。和其他抬腿动作一样，这个练习也会锻炼核心肌群、大腿和臀部肌。为了确保下背部不紧张，你可以自己调整姿势，使你的躯干和腿部形成一个 V 形。

正确姿势

把肩部和臀部叠起来。腹部动员，保持躯干稳定。抬起的足轻微转向垫子。

注意

不要摇晃躯干，也不要移动臀部。

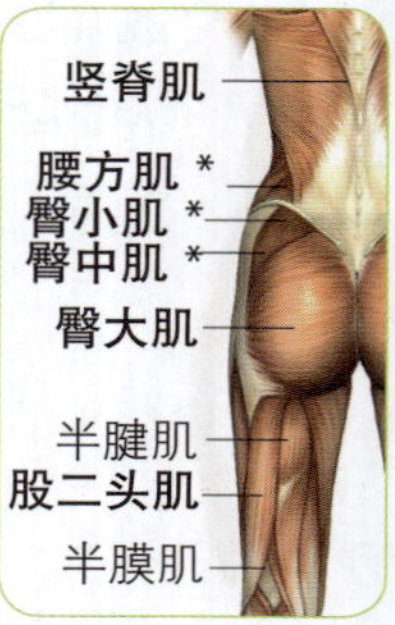

注释

粗体字表示目标肌肉

黑体字表示其他工作肌肉

* 表示深层肌肉

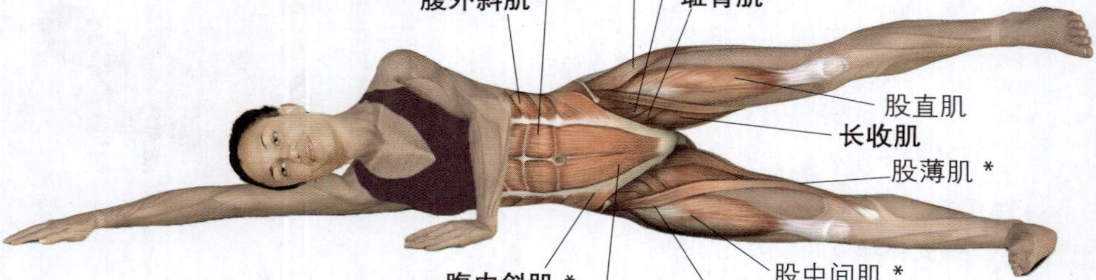

- 右侧卧位，头部枕在右臂上。
- 双足背屈。抬起左腿离垫面 10 cm，然后落下，上下振动 5 次。
- 左足趾伸直，振动 5 次。
- 然后，抬左腿高过臀部。勾足振动 5 次，伸足振动 5 次。
- 两侧交替，重复进行。

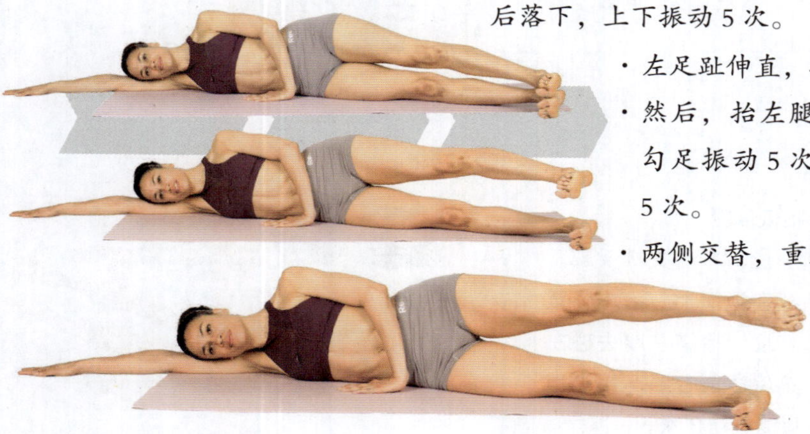

188 **支撑举腿**

右侧卧位，肘部支撑头部，双腿叠放。抬高左腿至臀高，放低，上下振动 5 次。然后，抬高左腿至 45° ，放低，重复 5 次。

189 **侧抬腿环绕**

左侧卧位，肘部支撑头部。屈左膝，足趾伸直。抬右腿至臀部高度，顺时针环绕 5 圈，然后逆时针环绕 5 圈。两侧交替，重复。

190 **单腿轻击**

右侧卧位，肘部支撑头颈部。抬高左腿，左足趾于右足前点地，然后于右足后点地，重复 10 次。两侧交替，重复。

191 **大腿内侧举**

右侧卧位，肘部支撑头颈部。把左足放在右髋前，左手握住足踝。右足趾前伸，振动右腿 10 次。两侧交替，重复。

192 **普拉提球大腿内侧举**

右侧卧位，头部枕在延伸的右臂上，普拉提球支撑起左膝。左手放在胸部前方。右足趾前伸，振动右腿 10 次。对侧重复。

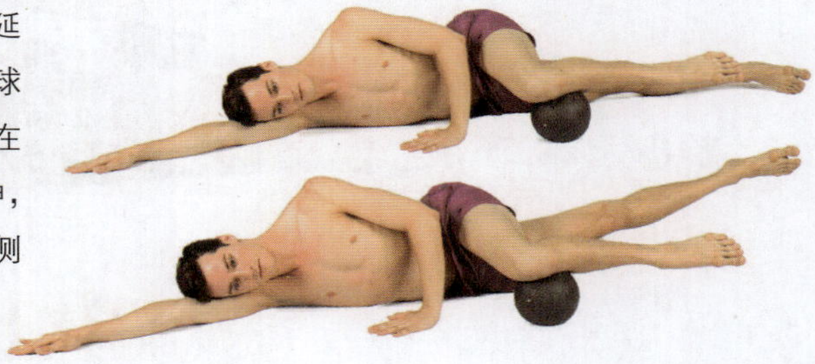

193

腰围勇士式

腰围勇士式的目标是腹部斜肌，是获得线条流畅的腹肌的绝佳练习。这个练习中的脊柱旋转可以改善腰围的清晰轮廓，而不会增加过多的体积。如果需要，可以在身后放一个中等大小的球以给予下背部额外的支撑。

正确姿势

保持呼吸节奏，目光注视球。双腿紧并，收紧腹肌。

注意

不要屏住呼吸。避免屈膝或双腿离垫。

注释

粗体字表示目标肌肉

黑体字表示其他工作肌肉

* 表示深层肌肉

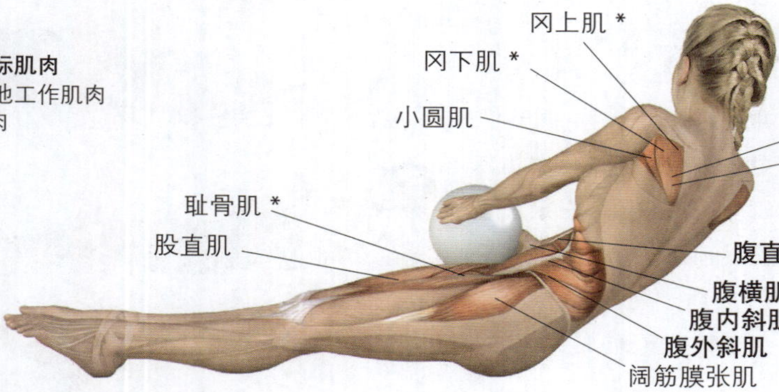

- 坐于地面上，双腿向前，足趾伸直。双手持负重球于身前，吸气。
- 轻微向背部卷曲下躺，呼气。
- 慢慢地向右侧扭转躯干和手臂，返回中间位，然后向左侧扭转。
- 每侧重复 10 次。

194 8字投球式

8字投球式会增加腰围勇士式练习的难度。这个练习让你在转体和斜位屈曲时手臂完成绕8字。

- 坐姿，双腿前伸，双手持一小负重球于身前。背部轻微卷曲下躺。
- 身体慢慢地向右扭转，同时双臂向右下环绕，接着向上转回到中间。
- 扭转至左侧，同时双臂向左下环绕，然后向上，回到中心。每个方向重复5次。

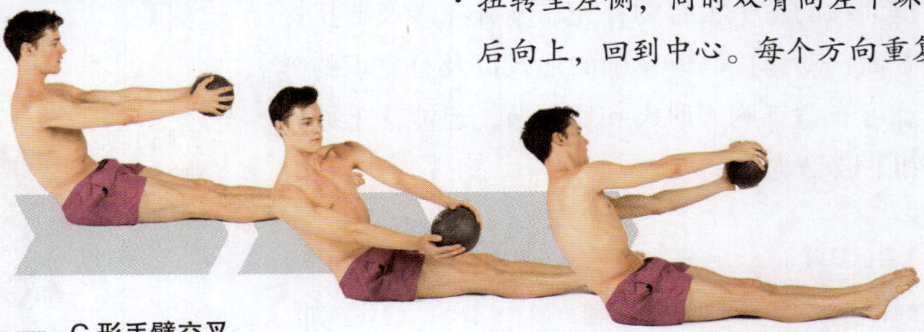

195 C形手臂交叉

坐于地板上，双腿向前，足趾伸直。用一中型球支撑下背部，双手各持一小哑铃于身前。轻微卷曲下背部。右手腕交叉于左手腕上，然后左手腕交叉于右手腕上，重复10次。

196 呼啦舞式

坐姿，双膝弯曲，轻微卷曲下背部。伸展双手平行于地面，同时抬双足离垫。慢慢地向左侧扭转躯干和手臂，同时双膝向右侧扭转。返回中间位，向对侧扭转。每侧重复10次。

197 持球呼啦舞式

坐姿，双膝弯曲，轻微卷曲下背部。双手持小型重力球前伸与地面平行，同时抬双足离垫。慢慢地向右侧扭转躯干和手臂，同时双膝向左侧扭转。返回中间位，向对侧扭转。每侧重复10次。

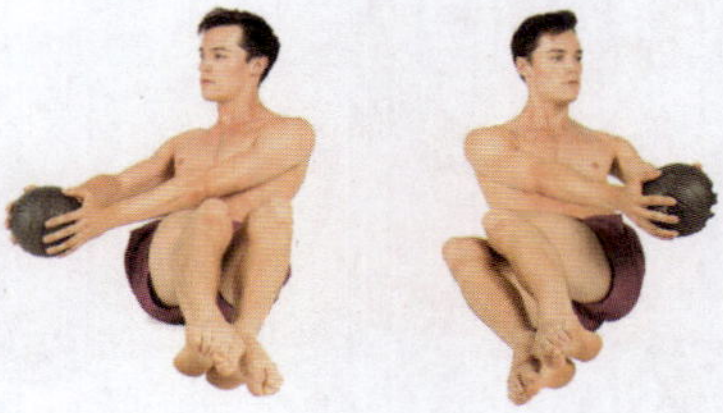

198

俯卧撑

正确姿势

使身体从肩部到足跟形成一条直线。伸展脊柱，向下凝视。

注意

不要抬起臀部或使颈部紧张。

与高平板支撑相似，经过时间考验的俯卧撑是任何普拉提训练的一个很好的补充。俯卧撑涉及普拉提的关键方面：动作控制，精确的形式以及有意识的呼吸。该练习有益于胸部肌肉和肩关节，还能让上肢、核心区和下肢受益。

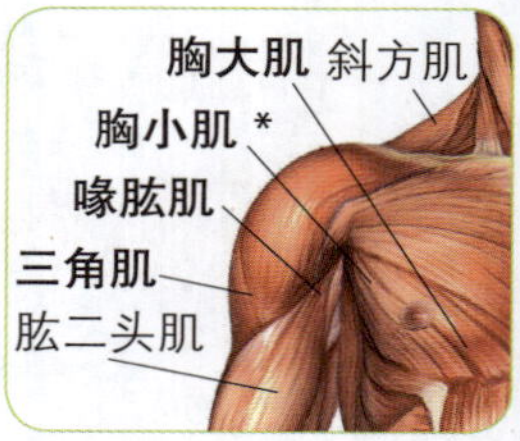

注释

粗体字表示目标肌肉

黑体字表示其他工作肌肉

* 表示深层肌肉

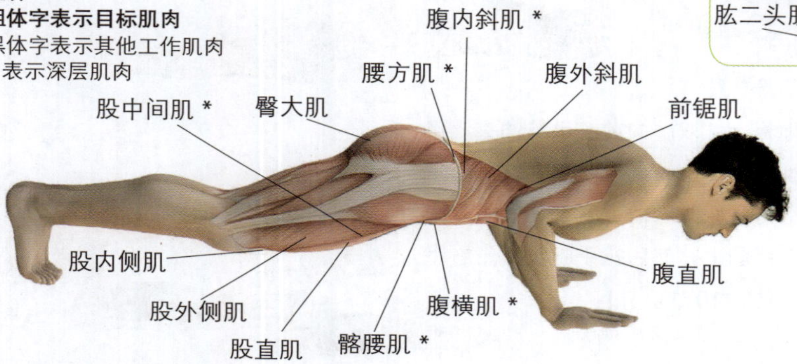

- 从站立位开始，双手向下放到地板上，与肩同宽。双腿并拢后伸。手腕和肩部保持在一条直线上。
- 动员腹肌，吸气。呼气时屈肘，使胸部向地板下落。
- 吸气，胸部抬起。重复 10 次。

199 屈膝俯卧撑

双手、双膝着垫呈跪姿。双足向后抬起。动作要领如俯卧撑（#198）。重复15次。

200 泡沫轴俯卧撑

跪于地板上，双手与肩部同宽，放在泡沫轴上。腿部向后伸展。动作要领如俯卧撑（#198）。重复10次。

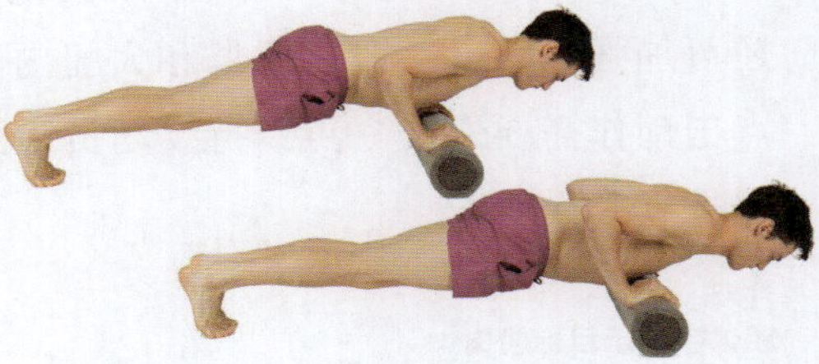

201 肱三头肌俯卧撑

双手、双膝着垫呈跪姿。腿部向后伸展。双手放于垫上，略窄于肩部。动员腹肌，吸气。呼气时，向地板放低胸部。吸气，抬高。重复10次。

202 转换俯卧撑

采用俯卧撑姿势。泡沫轴与身体平行，放于右肩下方。胸部下落，抬起完成1次俯卧撑的同时把泡沫轴滚到左侧。左手放在泡沫轴上，完成1次俯卧撑。重复这一系列练习，总共完成20个俯卧撑。

203 平衡球俯卧撑

跪于地板上。双手分开，与肩部同宽，放在平衡球上。腿部向后伸展。动作要领与俯卧撑（#198）相同。重复10次。

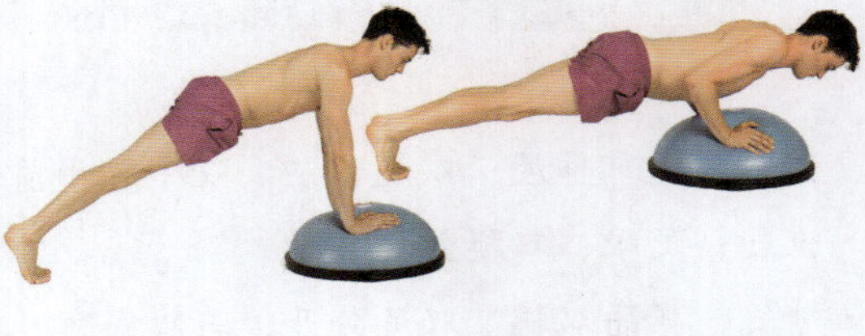

204

足跟点击

很少有普拉提动作能和足跟击打一样使臀肌坚实，还可加强下背部、股后肌群和大腿内侧肌力。快速的点击动作需要专注一点：持续动员腹肌和保持稳定的呼吸节奏。

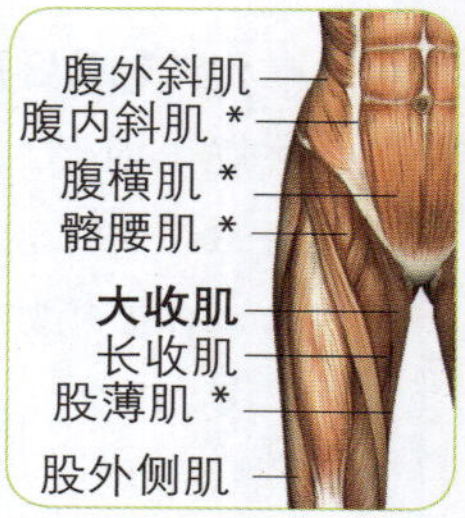

注释
粗体字表示目标肌肉
黑体字表示其他工作肌肉
* 表示深层肌肉

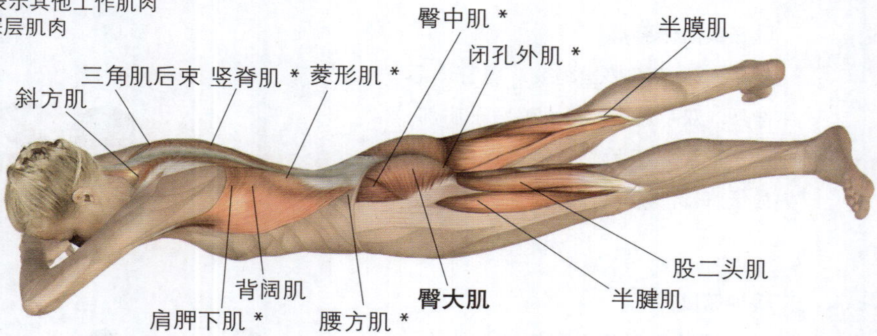

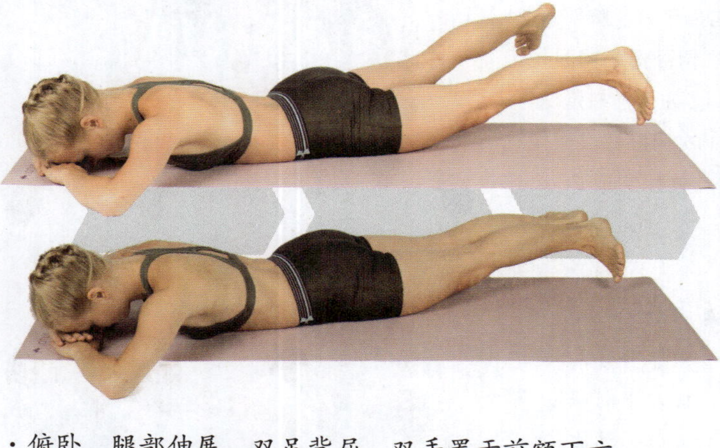

正确姿势

肩胛骨向背部下拉。始终保持勾足，并在整个过程中稍微外展。需要的话，在髋下垫一毛巾来支撑。

注意

双腿不要抬得过高。

- 俯卧，腿部伸展，双足背屈。双手置于前额下方。
- 吸气，足跟、双腿并拢靠紧。
- 呼气，抬高双腿，双足分开，与髋同宽，然后双腿并拢，足跟轻轻碰击。
- 每次呼气和吸气足跟相击 5 次。

205 俯卧双腿踢

双腿踢这样的俯卧练习有助于加强背部肌力，改善姿势和灵活性。

· 俯卧，双膝弯曲，足趾伸直。吸气，双手放于背后。
· 呼气，头部和上胸部从垫上卷起，手臂在背后摆到身体两侧；同时，抬高双腿，伸展双足与髋部同宽。
· 吸气，放低双腿，重复 10 次。

206 魔力圈举腿

俯卧位，双踝夹一魔力圈。前额贴于手上，吸气。呼气时，挤压魔力圈，固定姿势，保持几个呼吸。放松，落腿。重复 10 次。

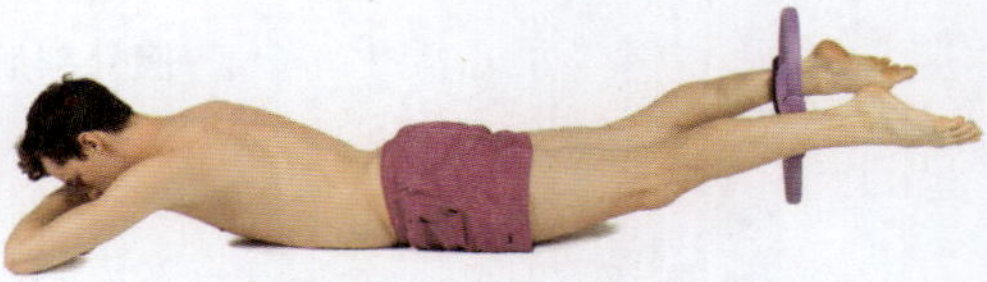

207 海豹式

俯卧位，双腿伸直，足趾前伸。双手放于前额下。吸气，双腿并拢。呼气，抬高双腿，双足分开与髋同宽。然后双腿相并，双足轻击。每一次呼吸，两足相击 5 次。

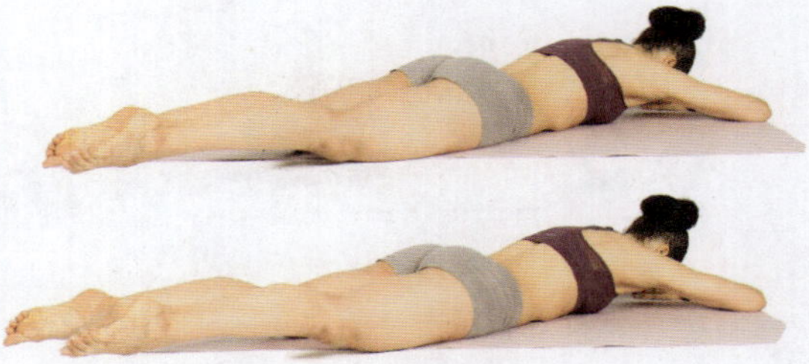

208 白雪天使

俯卧位，双手、双腿用力伸展。吸气准备。呼气，抬起四肢，像白雪天使一样做打开、闭合动作。重复 5 次。

209

单腿足跟轻击

单腿足跟轻击能增强髋部屈肌和下背部的灵活性。集中注意动员腹横肌，它能包裹上腹部，就像穿了一件束腹衣。控制腿部动作的精准度，保持膝部弯曲 90° 。

正确姿势

脊柱处于中间位。整个练习过程中保持躯干稳定。

注意

不要拱背或将下背部压在垫子上。

注释

粗体字表示目标肌肉

黑体字表示其他工作肌肉

* 表示深层肌肉

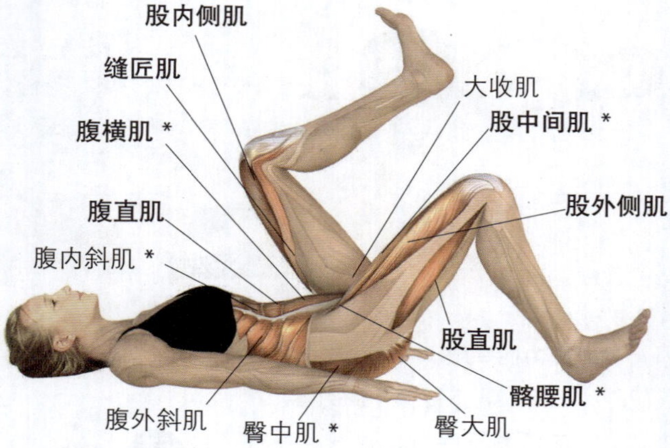

- 仰卧，双手平放于躯干两侧。抬双腿至桌面位，双足背屈。
- 保持膝部屈曲 90° ，左足跟轻击垫子，同时抬右膝向胸部靠近。
- 双腿交替进行，完成 20 次轻击。

210

双腿足跟轻击

仰卧，双手平放于躯干两侧。抬双腿至桌面位置，双足背屈，吸气。保持膝部屈曲，双足并拢。呼气，放低双腿，两足跟轻击垫子。双腿返回至桌面位置，重复 20 次。

211 夹球足跟轻击

仰卧位，双手平放于躯干两侧。两膝间夹持一小普拉提球，吸气。抬双腿至桌面位置，动作要领如双腿足跟轻击（#210）。重复 20 次。

212 青蛙式

仰卧位，双手平放于躯干两侧。双足抬起离地，两足跟并拢，膝部向两侧下拉。保持足跟并拢，呼气，伸直双腿至与地面呈 45° 。重复 20 次。

213 弹力带青蛙式

仰卧位，双足缠绕一弹力带。双手持弹力带末端，肘部放松，置于地板上。两足跟并拢靠紧，动作要领如青蛙式（#212）。重复 20 次。

214 弹力带青蛙式卷腹

仰卧，双足缠绕一弹力带。膝部降低，向两侧外展。双手持弹力带末端，肘部放松，置于地面上。两足跟并拢靠紧，呼气，伸直双腿至 45° 。同时头、肩部从垫上卷起。重复 20 次。

215 青蛙式挤压球体

仰卧位，双臂平放于身体两侧。两踝间夹持一普拉提球。将双膝拉向胸部，膝部降低，向两侧外展。伸直双腿，再拉回，同青蛙式，重复 20 次。

216

婴儿式

放松的婴儿式姿势是较剧烈的普拉提训练过程中完美的拉伸练习。专注于深呼吸，感觉胸廓在大腿上扩张和收缩。当拉伸脊椎并打开椎骨之间的空隙时，你会感受到能量通过手臂和指尖释放出来。

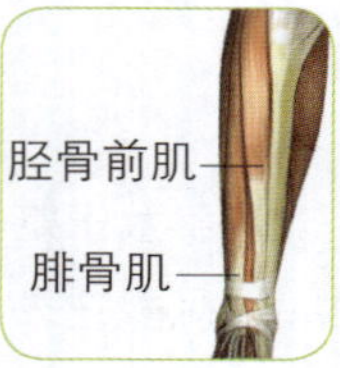

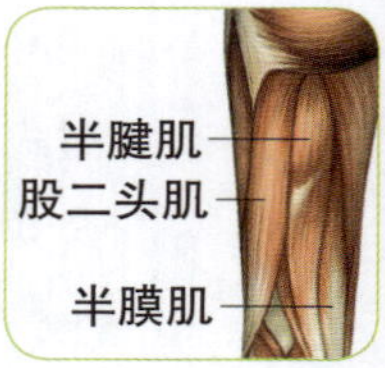

正确姿势

背部形成一个 C 形曲线，拉开肩胛骨。放松臀部和颈部。

注意

不要耸肩。

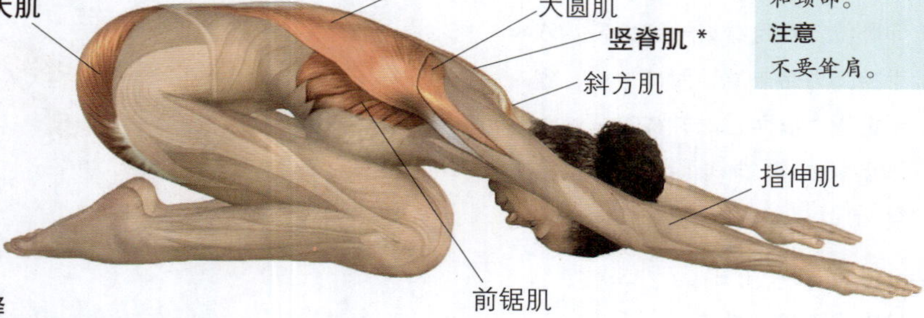

注释

粗体字表示目标肌肉

黑体字表示其他工作肌肉

* 表示深层肌肉

- 跪姿，双膝分开，与髋同宽。臀部放在足跟上。
- 吸气，向前伸展手臂，前额贴在地面上。
- 保持几次深呼吸。
- 呼气，运用腹肌卷曲向上。

217 盘臂婴儿式

跪于地面上，双膝分开，与髋同宽。臀部放低，贴在足跟上。吸气，双臂沿身体两侧抱绕。前额贴于地面上。保持几次呼吸。呼气，运用腹肌卷曲向上。

218 宽膝婴儿式

跪于地面上，双膝分开，略比髋部宽，双足并拢。臀部置于足跟上，向前卷曲躯干，头面部侧放于垫子上。吸气，手臂放于躯干两侧，两肩拉离颈部。固定姿势，保持几次呼吸。呼气，运用腹肌卷曲向上。

219 泡沫轴婴儿式

如果婴儿式（#216）练习使你的背部紧张，可以通过把头抬高一点放在一个泡沫轴上来缓解一些紧张感。

- 跪于垫上，泡沫轴置于胸部下方，平行于躯干。臀部放于足跟上。
- 吸气，双臂向前伸展，前额贴于泡沫轴上。固定姿势，保持几次深呼吸。
- 呼气，运用腹肌卷曲向上。

220

猫牛式伸展

猫式到牛式的伸展运动可以激活整个脊椎，提高灵活性，缓解紧张。在这个练习中，要考虑在屈曲（猫式）和伸展（牛式）中相对抗的力量。当拱起脊柱时，想象躯干从头部和尾骨向下拉。当拱起你的背部时，躯干从颈部和臀部向上拉。

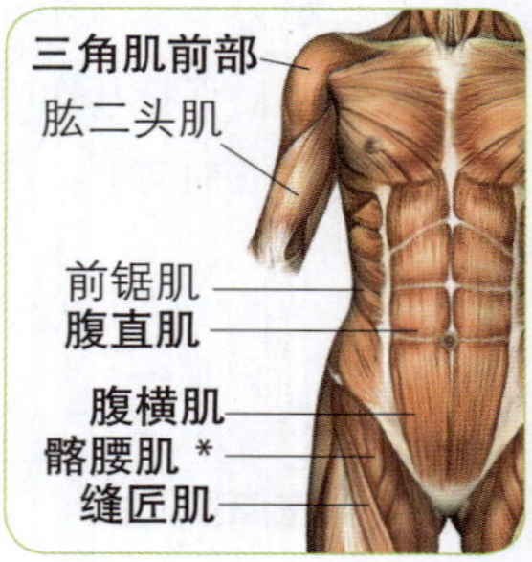

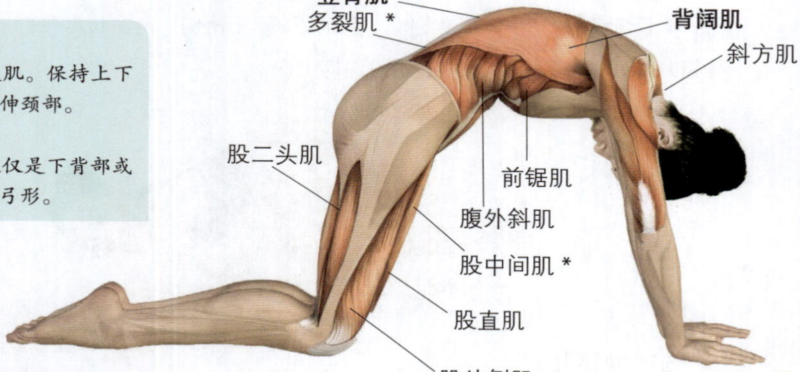

正确姿势

充分动员腹肌。保持上下肢稳定，拉伸颈部。

注意

尽量不要仅仅是下背部或胸部下拉呈弓形。

注释

粗体字表示目标肌肉

黑体字表示其他工作肌肉

* 表示深层肌肉

- 跪姿，四肢着地，膝部分开，与髋同宽。
- 双手放于肩前一点。
- 吸气，慢慢地向上拱起脊柱，头部位于两臂间。短暂保持姿势。
- 呼气，向下弯曲脊柱，弓起上背部。
- 保持姿势，重复5次。

221 猫式卷起

猫式卷起对于如何逐个活动脊椎关节是很好的练习。控制呼吸，以从容、流畅的方式运动。

- 跪姿，四肢着地，背部处于中立位。
- 吸气，向上拱起脊柱，头部向下缩。
- 呼气，向前打开髋部，继续向上卷起，从垫子上抬高双手，继续上升至高位跪姿。
- 向下卷曲至初始位置，重复5次。

背部拉伸的益处

背部肌肉拉伸是缓解日常生活中过度弯曲的好方法——如坐位、弯腰搬重物。背部伸展可以拉伸胸部和髋部屈肌，并增强脊柱和臀部的灵活性。

222 犬式前指

跪姿，四肢着地，双膝分开，与髋同宽，双手位于肩部下方。肚脐压向脊柱，吸气。呼气，抬左臂和右腿至髋高。手和足分别向前、后伸展。手、足回落，两侧交替练习，重复10次。

223 消防栓弹力带举

跪姿，四肢着地，右小腿缠绕弹力带。左膝压住弹力带的末端。弯曲右膝向外侧旋转。放低姿势，每侧重复10次。

224 臀大肌俯卧撑

跪姿，四肢着地，右足缠绕一弹力带。左膝压住弹力带的末端。弯曲右膝，右足上举指向天花板。放低姿势，每侧腿重复10次。

225

蛙泳式

蛙泳式有助于重新调整脊柱，尤其是中、上背部的脊椎。这一练习中，旋转手臂可以增强肩胛骨周围的肌肉力量。支撑身体时，能发展伸展肌肌群。如果你倾向于弯腰驼背，蛙泳式对你来说是很好的锻炼。

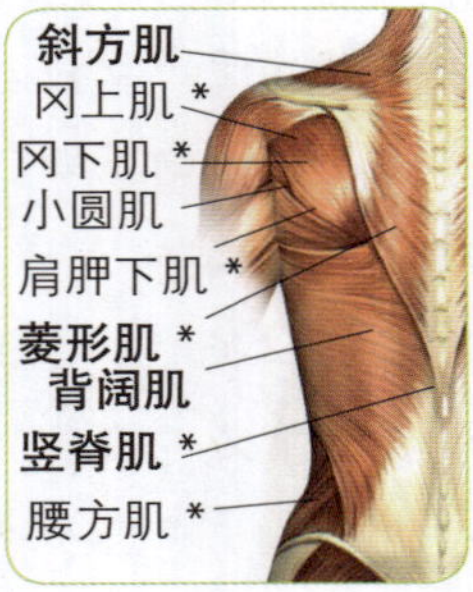

正确姿势

髋部和耻骨始终贴在垫子上，双腿并拢靠紧。头颈部的后面与脊柱保持一致。

注意

躯干不能高于胸腔底部。

注释

粗体字表示目标肌肉

黑体字表示其他工作肌肉

* 表示深层肌肉

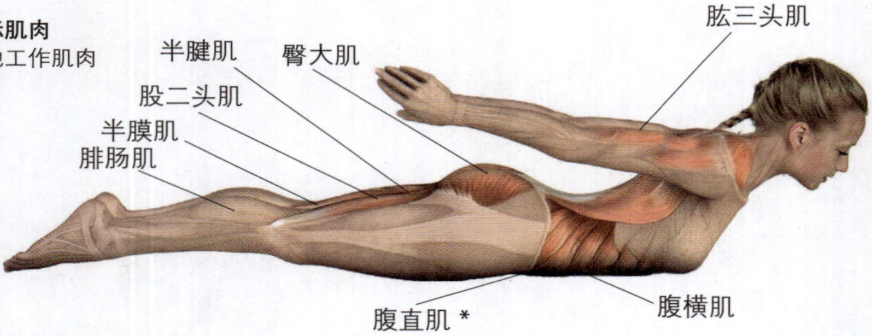

- 俯卧位，双臂向前、双腿向后伸展。吸气准备。
- 呼气，从垫子上抬起双臂，向前伸直。
- 以平稳、可控的方式，把上胸部从垫上卷起，同时把手臂摆向后面。
- 弯曲肘部，回到初始姿势。重复10次。

226 持球蛙泳式

俯卧位，双腿并拢。双手各持一小负重球，双臂向前伸展。吸气准备。动作要领如蛙泳式（#225）。重复5次。

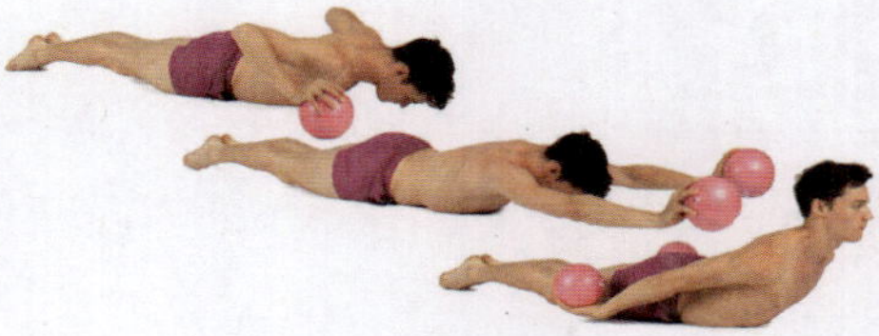

227 超人

俯卧位，双臂、双腿伸展。吸气，动员腹肌。呼气，四肢从垫上抬起，从躯干向远处伸展。固定姿势，保持几次呼吸，落肢回位。重复5次。

228 游泳式

腹部着垫俯卧，四肢伸展，吸气。动员腹肌，呼气。开始上下摆动对位的上下肢进行“浅打水”。吸气5次，呼气5次。放低姿势，重复3次。

229 平衡球游泳式

髋部支撑在平衡球上。动作要领如游泳式（#228）。吸气5次，呼气5次。放低姿势，重复3次。

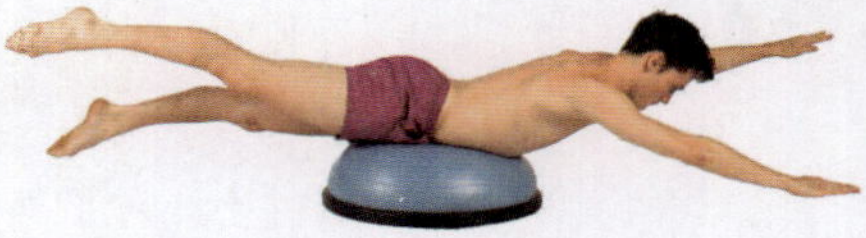

230 燕式跳水

俯卧于垫子上，双足分开与肩同宽，双手放于肩旁。双臂伸直，抬起躯干。呼气，弯曲肘部，躯干向下摇动，抬高双腿，把手臂向前伸。双臂摆回时返回起始位。重复5次。

231 平衡球燕式跳水

用平衡球支撑髋部。双手放于肩部下方地面上。吸气，屈肘，躯干前摆。回摇，伸直手臂。重复5次。

232

宽腿屈膝

你不需要像一名舞者来进行宽腿屈膝动作练习，它可以调节股四头肌、大腿内侧肌和臀部肌肉的能力。这个动作使髋关节保持柔韧，并提高下半身的灵活性。

正确姿势
足跟牢牢地固定在垫子上，以髋部而不是膝部为支点屈体。
注意
不要耸肩，避免身体前倾。

注释
粗体字表示目标肌肉
黑体字表示其他工作肌肉
* 表示深层肌肉

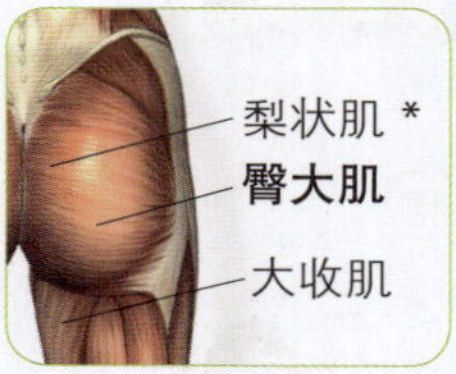

- 直立位，双足分开，比肩部宽。
- 足趾指向外侧，双臂于身体两侧水平伸展。动员腹肌和臀大肌。
- 缓慢屈膝，保持背部挺直。
- 固定姿势，坚持做几次深呼吸，然后返回站立位。重复 5 次。

233 芭蕾蹲

芭蕾蹲是一种简单的提高从臀部到足踝关节灵活性的方法。

- 站立位，足跟并拢，足尖向外。举双臂向前与肩同高。
- 动员腹肌和臀肌。以髋部为支点屈双膝，保持背部挺直。
- 固定姿势，做几次深呼吸，然后回到站立位。重复5次。

234 芭蕾宽蹲

直立位，双足分开，比肩部宽。足尖撑地立起，双臂向两侧伸展。动作要领如宽腿屈膝（#232）。重复5次。

235 芭蕾提踵

直立位，足跟用小型重力球支撑，双足与髋同宽。双臂前伸，两膝向外弯曲，保持背部挺直。重复5次。

236 肌腱拉伸

直立位，双足并拢，手臂前伸。动员腹肌和臀肌。保持膝部向前，背部挺直，缓慢屈髋。固定姿势，做几次深呼吸，返回站立位。重复5次。

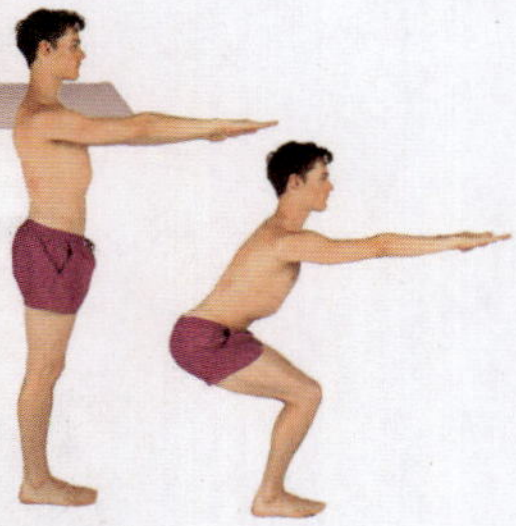

237 球上肌腱拉伸

直立位，双足与髋同宽，足跟用小型重力球支撑。双臂前伸，缓慢屈膝，保持背部挺直。重复5次。

238

美人鱼式

美人鱼式伸展紧绷的腹外斜肌，放松肩部。这个练习也会动员肋间肌，即胸廓周围的主要呼吸肌。

注释
粗体字表示目标肌肉
黑体字表示其他工作肌肉
* 表示深层肌肉

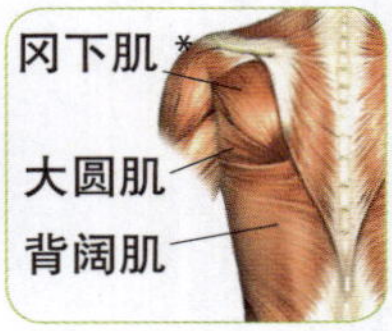

正确姿势
伸展脊柱，通过举起的手臂感受能量释放。保持臀下部触地。

注意
避免胸部前凸或弓背。

- 坐姿，双膝弯曲，腿部盘于左侧。吸气，左手放于左足踝上，向上伸展右臂。
- 呼气，向左侧弯曲躯干。右手伸展到头顶，注视上方。
- 固定姿势，保持几个呼吸。对侧重复。

239 魔力圈人鱼式

坐姿，双膝弯曲，腿部盘于左侧。右手持一魔力圈放在身体右侧一臂距离处。伸展左臂于头顶，躯干向右侧弯曲。下压魔力圈。返回起始位，每侧重复 5 次。

240 美人鱼式发球

坐姿，双膝弯曲，腿部盘于左侧。右手持一小重力球置于身后。上抬右臂，类似准备发网球动作，然后在身前环绕。重复 5 次，换侧。

241 膝部摇摆

仰卧位，双膝置于桌面位置，双臂向两侧伸展。髋部向左扭转至膝部触地。同时眼凝视对侧。返回至桌面位置，向对侧扭转，重复 10 次。

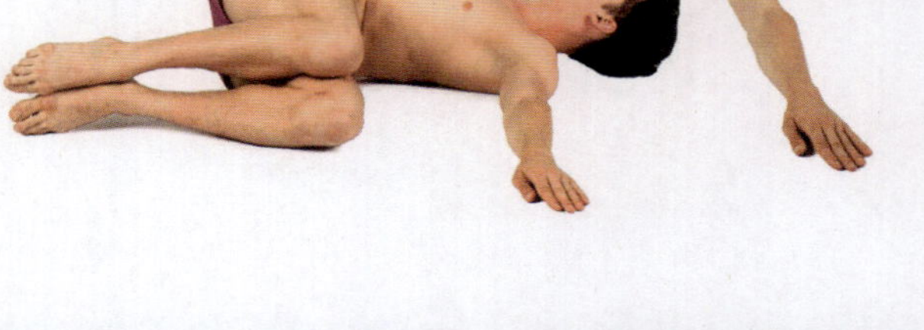

242

单腿平衡

单腿平衡能稳定核心肌群，加强腿部力量。保持正确的姿势，联想普拉提专注、控制和流畅的原则，可帮助你保持身体平衡。在完成这个练习时，想象你的脊柱向上拉伸。

正确姿势

固定核心肌群，拉伸脊柱，压着足跟控制腿部伸展。

注意

避免臀部晃动或弯曲躯干。

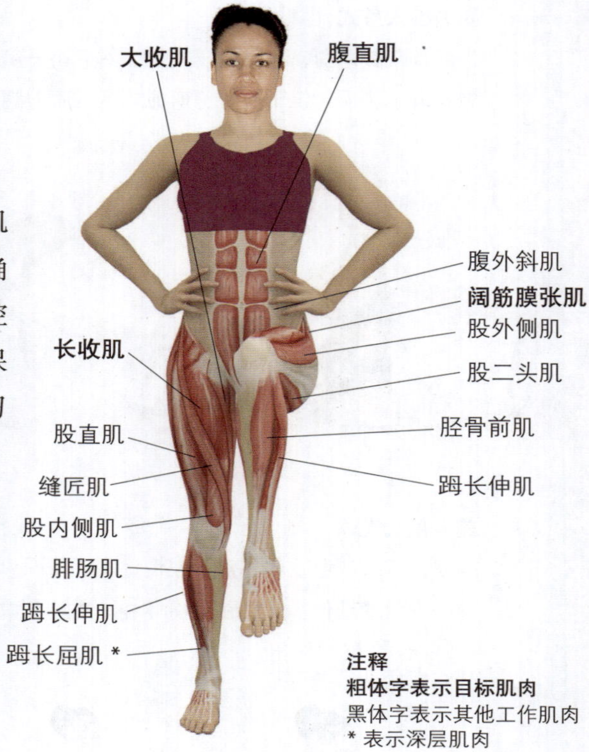

注释

粗体字表示目标肌肉

黑体字表示其他工作肌肉

* 表示深层肌肉

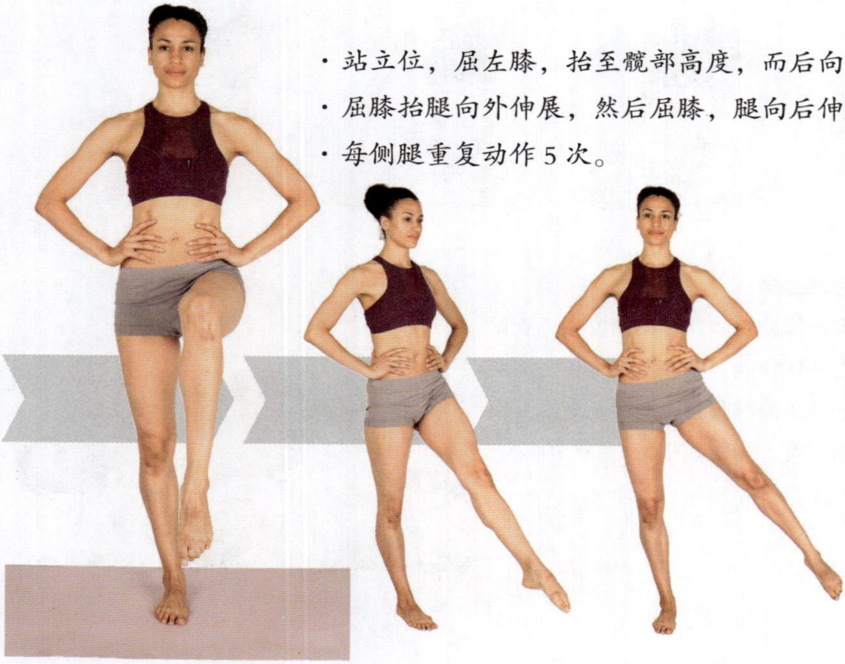

- 站立位，屈左膝，抬至髋部高度，而后向前伸直。
- 屈膝抬腿向外伸展，然后屈膝，腿向后伸展。
- 每侧腿重复动作 5 次。

243 站立腿伸展

双手叉腰站立。动员腹肌，扩展胸部。屈右膝抬至臀高，足背屈，腿向前伸展。每侧腿重复完成屈膝伸展 5 次。

244 足尖平衡

站立位，双脚并拢。动员腹肌，吸气。踮起足尖，手臂上举头顶上方。腿部、足跟并拢靠紧，保持平衡。固定姿势，保持几次呼吸。拉伸脊柱，从足趾和双腿发力，上提脊柱。下落回位，重复5次。

245 足尖平衡伸展

站立位，双脚并拢。动员腹肌，双臂上举于头顶上方，吸气。以右足尖撑地身体上提，同时左腿后伸，保持背部直立。固定姿势保持几次呼吸，下落回位。每侧腿重复 5 次。

246 站立扭转

站立位，双足分开，宽于肩，双臂向两侧伸展。卷曲脊柱俯身弯腰时向左侧扭转躯干。用右手触碰左足。起身回位，然后向对侧重复该动作。每侧重复 10 次。

247 风车式

站立位，双脚分开，与髋部同宽。吸气，动员腹肌。向前屈曲头部。随身体向前弯曲，缓慢活动脊椎关节。双手尽力触碰足趾。保持几次呼吸，然后上卷回位。重复 5 次。

248 站立伸展

双手叉腰并足站立。右腿后伸，足趾绷直。固定姿势，保持几次呼吸，然后右腿落位。每侧腿重复 10 次。

249 站立交叉卷腹

站立位，双足分开与髋同宽，双膝微屈，以髋为轴微微前倾。吸气，举左臂，同时右腿伸向后方。呼气，后伸的右腿前拉，左臂屈肘与右膝相碰。两侧交替练习，每侧重复 10 次。

250 站立扭转

站立位，双足分开略比髋部宽，双臂向两侧伸展。保持背部挺直，肩部下沉，缓慢向左扭转。返回中间位，向右扭转。每侧重复 10 次。

251 站立四肢伸展

在伸展脊柱的同时，这个动作还可改善关节的平衡性和灵活性。伸展手臂和腿部，感受能量从四肢释放出来。

- 站立位，双足并拢，双膝微屈。以髋为轴微微前倾。
- 举左臂，右腿后伸。
- 返回起始位。两侧肢体交替进行，重复 10 次。

252

肩部负重推举

肩部负重推举由身体上部肌肉参与工作，尤其是三角肌、肱三头肌和斜方肌。

负重运动还有助于提高肩部、肘部和手腕的稳定性。

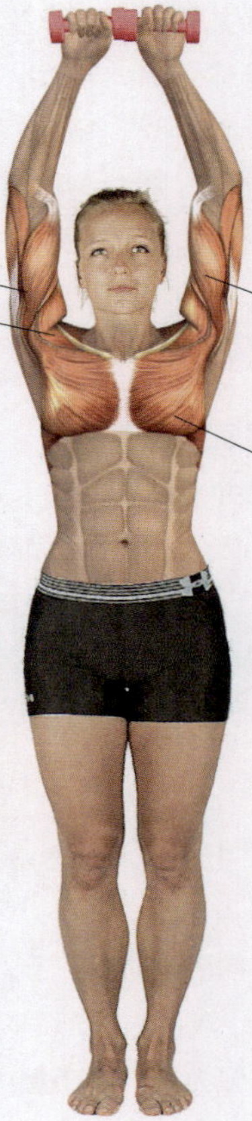

正确姿势
肩胛下拉，保持其上端平行，进行控制性运动。
注意
不要耸肩或紧绷颈部。

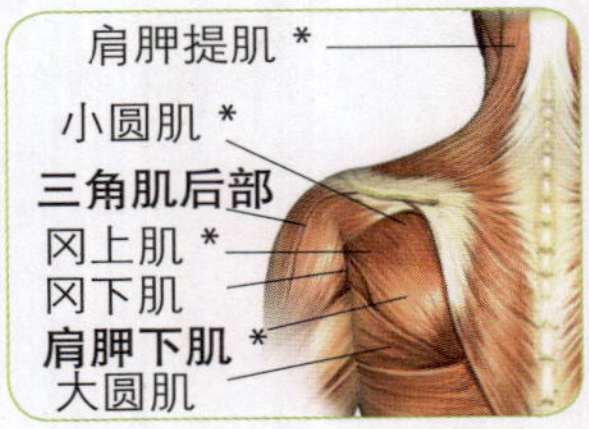

注释
粗体字表示目标肌肉
黑体字表示其他工作肌肉
* 表示深层肌肉

- 并足站立，每只手握一小哑铃。
- 吸气，屈肘 90° 上举，至上臂与地面平行。
- 呼气，伸直双臂，保持肩部下垂。
- 返回屈肘位，重复 10 次。

253 肩部负重侧举

双足并拢站直，双手各握一小哑铃于身体两侧。吸气，动员腹肌，保持背部中立。呼气，双臂向两侧抬至肩高，掌心向下。双臂落回，重复 10 次。

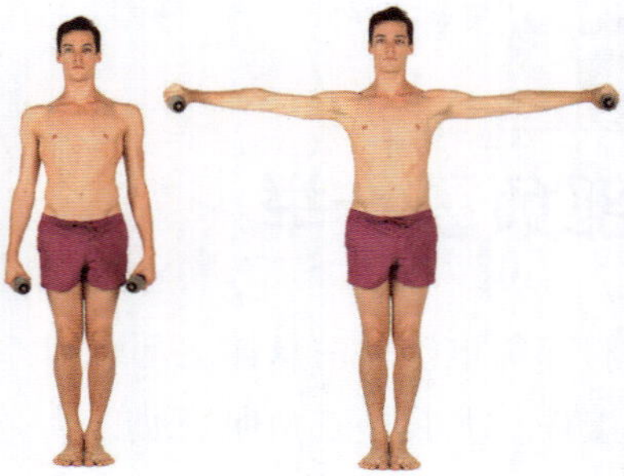

254 负重屈膝侧举

双足并拢站直，双手各握一小哑铃。吸气，动员腹肌，保持背部中立。呼气，抬右膝至臀部高度，左臂向侧方平举，掌心向下。下落回位，每侧重复 10 次。

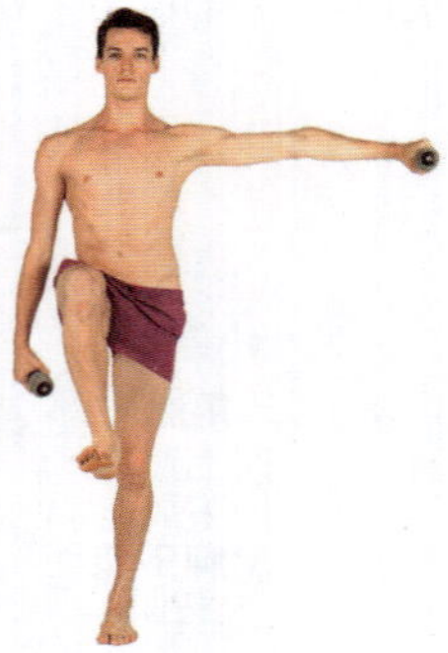

255 斜臂伸展运动

站直，双足与臀部同宽，左足下踩一弹力带。双手握弹力带两端放于左髋部，吸气。右手斜向上拉弹力带。落回原位，每侧重复 10 次。

256 90° 上举

双手各持一小型重力球，坐在长凳上。前臂放在大腿上，掌心朝上，吸气。呼气时，双臂向两侧打开，保持肘关节弯曲 90° 。落回原位，重复 10 次。

257 肩关节环绕上举

双手各拿一小型重力球，坐在长凳上。肘关节弯曲 90° 并抬至肩高。前臂向上旋转。旋回，重复 10 次。

258 躲猫猫

双手各持一小型重力球，坐在长凳上。肘关节弯曲 90° ，举双手贴近面部，紧并前臂。保持屈肘角度，以肩关节为轴分开，形成两肘在同一条直线上。复位，重复 10 次。

259 肩部下压

双手各持一小型重力球，坐在长凳上。肘关节弯曲 90° 抬至肩高。举双手过头顶，落下，重复 10 次。

260 胸部压环运动

双手持魔力圈于胸前，坐在长凳上。挤压魔力圈并保持 1 次呼吸，放松，然后重复 10 次。

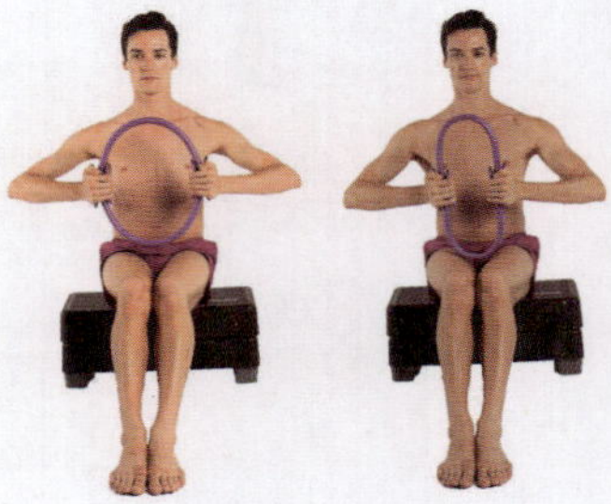

261

背部伸展

背部伸展运动非常适合锻炼肱二头肌和肱三头肌。还能伸展脊柱两侧的竖脊肌。背部伸展也能增强胸部肌肉力量，使你的上半身得到充分锻炼。

注释
粗体字表示目标肌肉
黑体字表示其他工作肌肉
* 表示深层肌肉

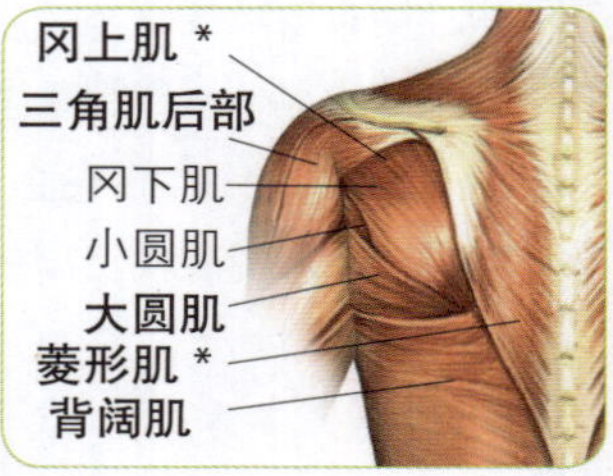

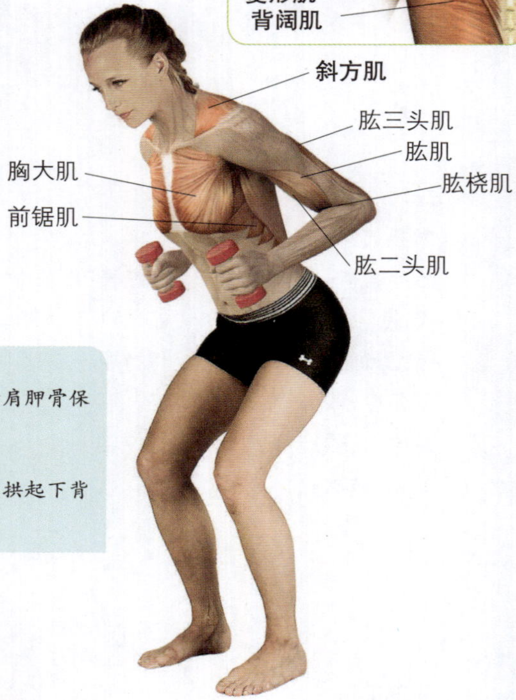

正确姿势

控制动作，收紧肩胛骨保持稳定。

注意

不要向前挺胸或拱起下背部。

- 站立位，双足与髋部同宽，屈膝。双手各持一小哑铃，向前伸展，掌心朝内，大约在臀部高度。
- 躯干前倾。屈肘，手臂后拉，双手靠近胸部。
- 手臂放下，重复 10 次。

262 反向拥抱

站立位，双足与髋同宽，屈膝。双手各握一小型哑铃。掌心向下，与臀同高。躯干前倾，双臂外展升至肩高。双臂放下，重复 10 次。

263 弹力带划船

坐在地板上，双腿向前，弹力带挂在双足上。双手各持弹力带一端并屈肘。向后拉紧弹力带，然后放松。重复 10 次。

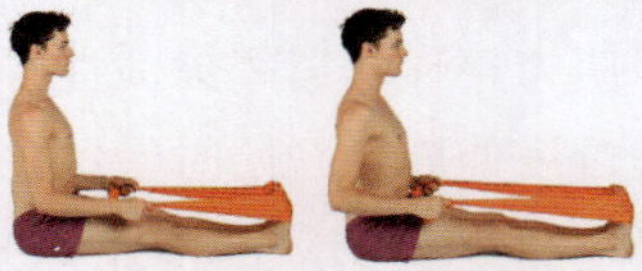

264 弹力带直臂划船

坐于垫上，双腿向前，弹力带挂在双足上。双手各持弹力带一端放于膝上。保持手臂伸直，将弹力带向两侧拉，双手贴近垫面。放松，重复 10 次。

265 弹力带高肘位划船

坐在地板上，双腿向前，弹力带挂在双足上。双手各持弹力带一端位于膝部正上方，肘部向两边抬起。将弹力带拉至胸部，然后放下。重复 10 次。

266 弹力带肩绕环

坐在地板上，双腿向前，弹力带挂在双足上。双手在膝部上方各持弹力带一端，上臂贴身体两侧，拉紧弹力带，将肩部和前臂向外旋转，然后放松。重复 10 次。

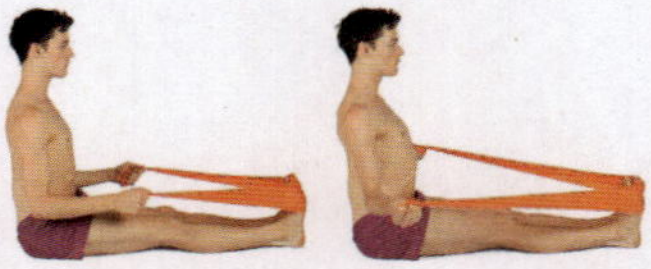

267 单臂划船

坐于垫上，双腿向前，弹力带挂在双足上。双手在膝部上方各持弹力带一端。向左侧扭转躯干，同时后拉肘部。回到中间位，然后向右旋转、拉带。每侧重复 10 次。

268

过顶肱三头肌训练

过顶肱三头肌训练，能增强肱三头肌和背阔肌肌力，提高肩部灵活性。尽力控制运动，避免过度伸展。开始时使用较轻的哑铃，随着力量增加，慢慢增加哑铃的重量。

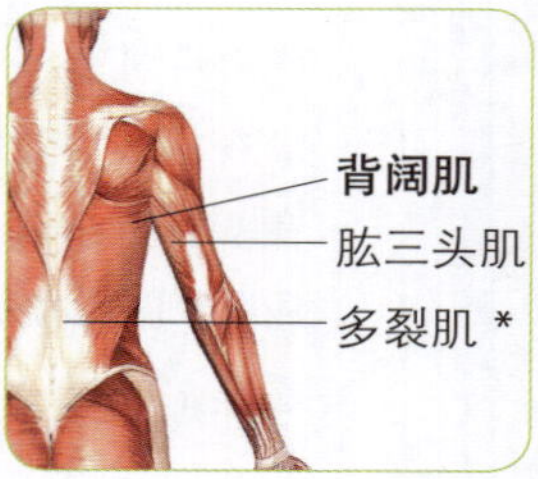

注释
粗体字表示目标肌肉
黑体字表示其他工作肌肉
* 表示深层肌肉

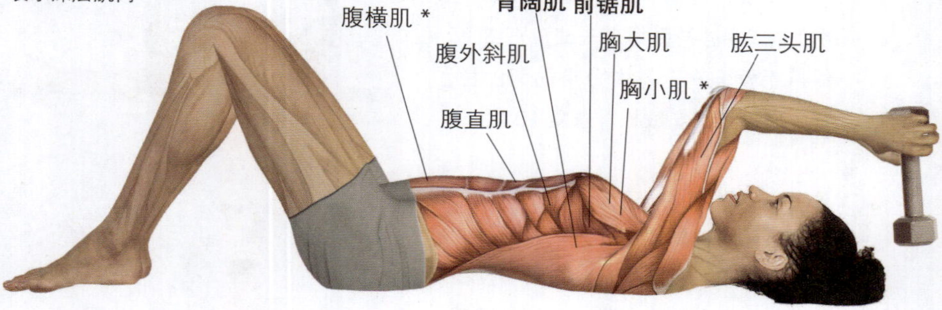

正确姿势
动作缓慢且准确。尝试单独拉伸肱三头肌。
注意
不要移动上臂。

- 膝部屈曲，躺在垫上或长凳上。双手持一小哑铃举过头顶。
- 吸气时，屈肘并保持稳定，慢慢使哑铃下降，并放在头后。
- 保持 1 次呼吸。呼气时，将哑铃举至头部正上方。重复 10 次。

269 瑞士球上肱三头肌伸展

屈膝，上背部支撑于瑞士球上。双手各持一小哑铃于胸部正上方。屈肘，落前臂至与地面平行。保持 1 次呼吸，呼气时，上举小哑铃。重复 10 次。

270 头后牵引

仰卧位，背部躺在一个与身体平行的泡沫轴上，屈双膝。双手抱一小型重力球于腰部上方。缓慢举起手臂过头顶。保持 1 次呼吸，然后手臂返回腰部位置。重复 10 次。

271 实心球肱三头肌训练

双足并拢，坐在长凳上。双手分别握一小型重力球放在头部正后方。用控制性动作将手臂伸至头顶上方，整个过程保持两球相触。落下，重复 10 次。

272 弹力带肱三头肌训练

双腿交叉坐于垫上。双手背后持弹力带，左手在垫上，右手在头顶。拉紧弹力带右臂上伸。落下，两臂各重复 10 次。

273 肱三头肌屈伸

双膝跪地，双手放地上，右手持一小哑铃，屈右肘举哑铃至身体右侧，向后伸展手臂，无需固定肘部，然后复位。每侧重复 10 次。

274

肱二头肌弯举

虽然肱二头肌弯举不是经典的普拉提动作，但它是锻炼肩部稳定性的重要的功能性训练。考虑到我们每天都做抬举动作，肱二头肌弯举就是普拉提日常训练的一部分。

正确姿势

在整个运动中保持肘关节贴紧身体，腕部固定。

注意

避免使用惯性举哑铃。

注释

粗体字表示目标肌肉

黑体字表示其他工作肌肉

* 表示深层肌肉

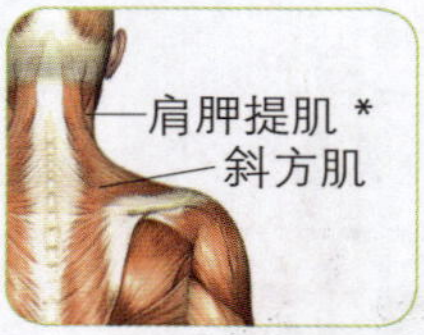

- 站立位，双手各持一小哑铃，掌心朝上。保持背部在中立位。
- 吸气，屈曲肘关节，双手向肩部上举。
- 呼气，将手返回身体两侧。重复 10 次。

275 高阶肱二头肌弯举

用比基本的肱二头肌弯举（#274）难度更大的变式来挑战你的平衡，也能锻炼你的核心肌。

- 双手各持一小哑铃，站直，手掌朝上。
- 动员腹肌。屈左膝，抬至臀高，足背屈。
- 按肱二头肌弯举（#274）动作练习，重复 5 次。换腿重复。

276 芭蕾舞式肱二头肌上举

双手各持一小型哑铃，站直。双臂侧伸至与肩部同高，肘部微屈，手掌朝上。吸气，双手举过头顶。呼气，双手放低至起始位置，重复 10 次。

277 弹力带肱二头肌弯举

坐在地板上，弹力带挂在双足底。双手各持弹力带一端于膝部上方，掌心朝上。肘部屈曲 90°，手拉弹力带抬至面前。回落，重复10次。

278 实心球肱二头肌弯举

双腿并拢，坐在长凳上。双手各持一小型重力球于膝部两侧。按肱二头肌弯举（#274）动作练习，重复 10 次。

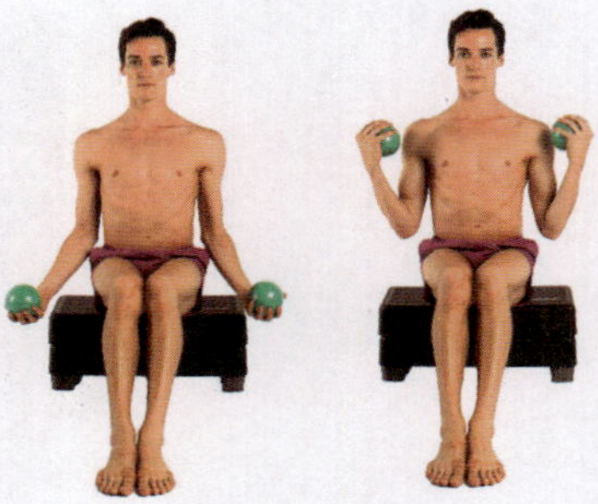

279 泡沫轴上肱二头肌弯举

双腿并拢，躺在泡沫轴上。双手各持一小型重力球置于大腿外侧。持球屈臂至胸部，回落，重复 10 次。

280 深蹲肱二头肌弯举

双足与髋同宽站立，将弹力带置于足底，双手各握弹力带一端，掌心朝上。双膝深蹲，双臂向胸前收拢。返回起始位。重复 10 次。

281 屈腕弯举

双腿并拢，坐在长凳上，双手各持一小型重力球，前臂放于大腿上，手掌朝上，手腕向上屈曲。下落回位，重复 10 次。

282 转腕

转腕有助于提高手腕灵活性，可以通过保持手腕柔韧有力来预防和缓解腕管综合征。

- 双腿并拢，坐在长凳上。双手各持一小型重力球，前臂置于大腿上。
- 掌心向内，缓慢向上旋转，下落回位，重复 10 次。

283
链 式

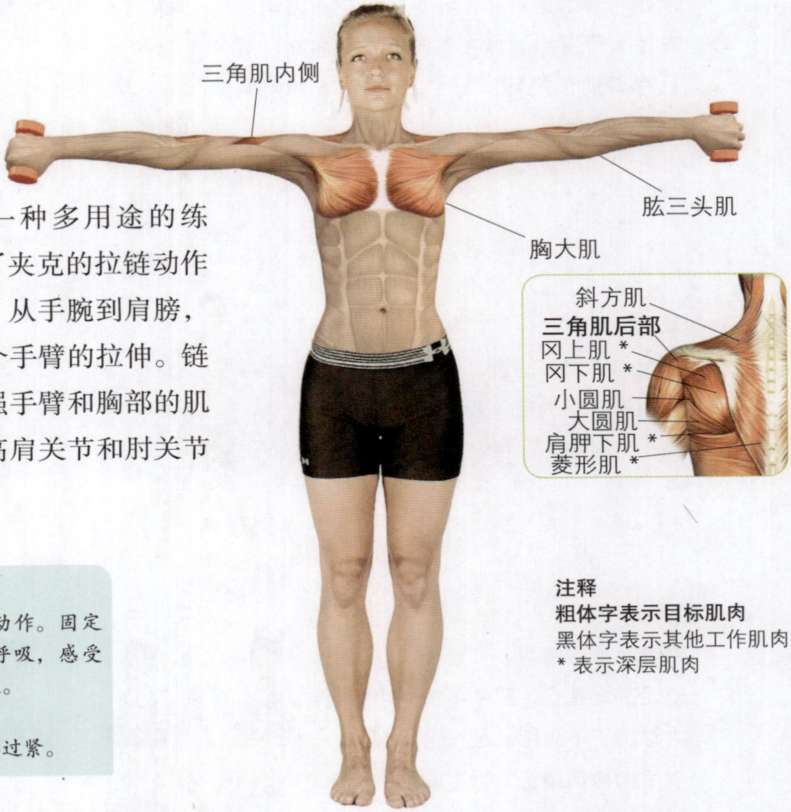

链式是一种多用途的练习，它模仿了夹克的拉链动作和打开动作。从手腕到肩膀，你会感觉整个手臂的拉伸。链式还可以增强手臂和胸部的肌力，同时提高肩关节和肘关节的灵活性。

正确姿势
要缓慢地控制动作。固定双臂高举，深呼吸，感受手臂内部的伸展。
注意
避免肩部或颈部过紧。

注释
粗体字表示目标肌肉
黑体字表示其他工作肌肉
* 表示深层肌肉

·站直，双手各持一小哑铃，置于腰部，肩部向后背下拉。
·保持手腕稳定，双手像“拉链”一样向下拉开，伸直双臂，然后抬至与肩同高。返回起始位。重复 10 次。

284 单臂绕环

双足与肩同宽站直，右手持小型重力球，左手置于背后。将右手向前举至肩高，然后手臂向下绕环。每个方向绕 10 圈。换臂重复。

285 双臂绕环

双足与肩同宽站直，双手各持一小型重力球置于胸前。双臂举至与肩部同高，同时绕环，每个方向绕 10 圈。

286 双臂绕 8 字练习

双足并立站直，双手各持一小型重力球置于下腹部，画一个小圆圈，双手向两侧绕行，抬至胸前，然后再向外抬至头顶，完成 8 字。倒回，重复 5 次。

287 泡沫轴上手臂绕环

躺在泡沫轴上，屈膝，双手各持一小型重力球，手臂伸过头顶，与地面平行。手臂向外侧画圈再向内环绕至胸前，重复 10 次。

288 泡沫轴抬臂练习

躺在泡沫轴上，屈膝，双手各持一小型重力球放于髋部两侧。双臂举至头部上方，垂直于地板，下落回位，重复 10 次。

289 侧卧举臂练习

左侧卧位，屈肘撑起头部，屈膝，躯干和腿形成微屈状。右手持小型重力球于髋部，垂直上举。落下，每侧重复 10 次。

290 侧卧扫臂练习

右侧卧位，屈肘撑起头部，屈膝，躯干和腿形成微屈状。左手持小型重力球于身前，手臂向身体后方横扫，再返回身前，每侧重复 10 次。

291 侧卧绕环

左侧卧位，屈肘撑起头部，双膝微屈，右手持小型重力球于身前，每个方向环绕 10 圈。另侧重复。

292 侧卧环绕抬臂

左侧卧位，屈肘撑起头部，屈膝，躯干和腿形成微屈状。右手持小型重力球于垫上，以肘为支点举起前臂。返回起始位置，做 10 次举臂，然后换侧重复。

293 瑞士球抬臂练习

仰卧瑞士球上，膝部屈曲 90°，双手于身体两侧各持一小型重力球。手臂伸直，上举过头，然后落回。重复 10 次。

294

胸部飞鸟式

胸部飞鸟式主要锻炼胸大肌——最重要的胸部肌肉，同时也能锻炼肱二头肌和三角肌。可以在地板上做胸部飞鸟式，或在长椅上做深层胸部肌肉拉伸。

正确姿势
尽力收腹，保持脊椎在中立位置，运动中稳定肩胛骨。

注意
避免手臂惯性摆动。

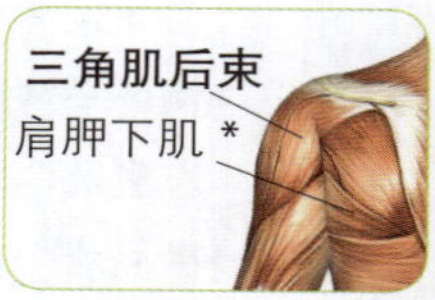

- 平躺在垫子或长凳上，屈膝，双手各持一小哑铃，平伸两侧。
- 吸气，直臂上举于胸部上方，保持 1 次呼吸。
- 慢慢呼气，同时手臂落下，放于身体两侧。短暂固定，重复 10 次。

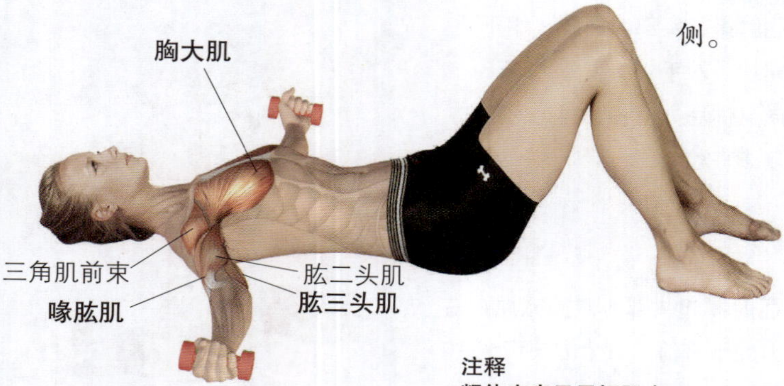

注释
粗体字表示目标肌肉
黑体字表示其他工作肌肉
* 表示深层肌肉

295

胸部压环

躺在垫子上，屈膝，双手持普拉提环平行于胸部上方，环面与胸部平行。压环，放松。双臂抬高约 30 cm；压环，放松。伸直手臂，压环，放松。反向下落时重复压环、放松动作，重复 10 次。

296 压环卷腹

平躺在垫子上，屈膝，双手持普拉提环于胸部上方。随着头和肩部向上卷起，压环。落下回位，重复 10 次。

297 压环斜向卷腹

躺在垫子上，屈膝，双手持普拉提环于胸部上方。头和肩部向上卷起，躯干右转，同时压环。下落回位，然后向左侧卷腹，每侧重复 10 次。

298 泡沫轴上胸部飞鸟

平躺于泡沫轴上，屈膝，双手各持一小型重力球，双臂平伸两侧。吸气，直臂上举于胸部上方，并将两球挤压在一起。呼气，落下回位，重复 10 次。

299 瑞士球上胸部飞鸟

躺在瑞士球上，屈膝，双手各持一小型重力球平伸于身体两边。吸气，直臂上举至胸部上方，并将两球挤压在一起。呼气，落下回位。重复 10 次。

300 泡沫轴肩部拉伸

平躺在泡沫轴上，屈膝，双手握一小型重力球，举至胸部上方，让球在两手掌之间滚动，右手上伸时左手下拉，连续上下滚动，保持几次呼吸。

第二章

器械和弧形桶

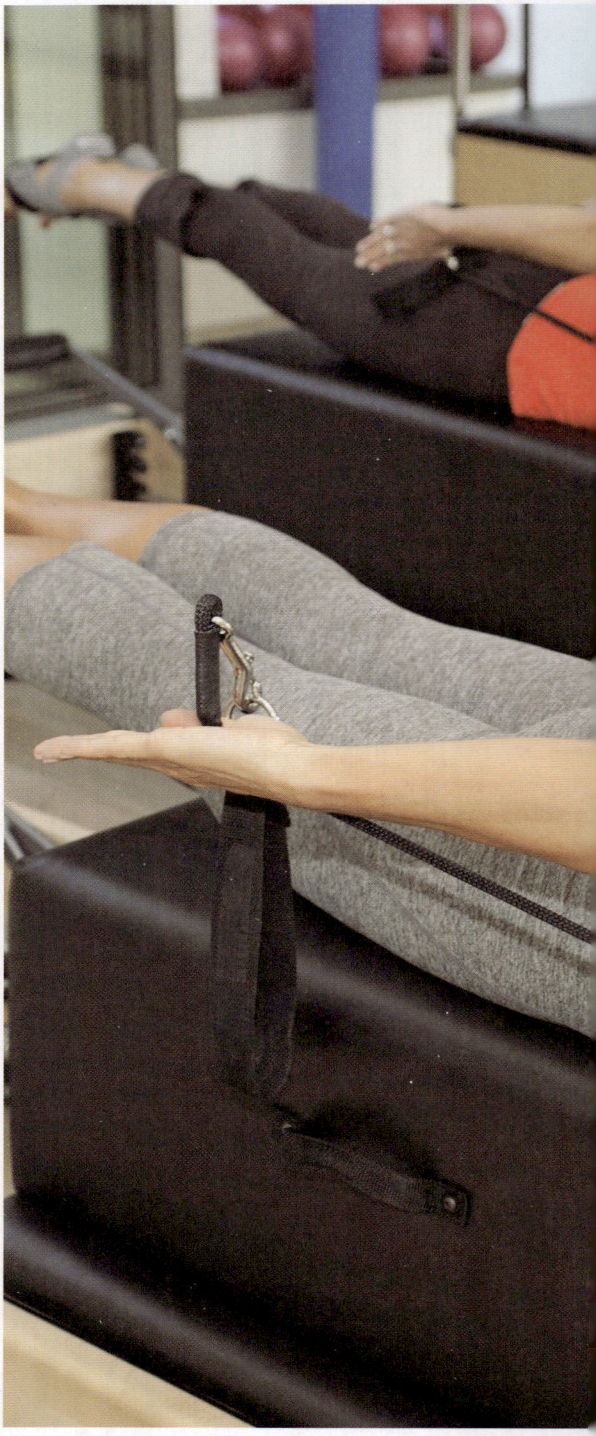

普拉提器械起初看起来可能有点吓人——如它们的滑轮、皮带和踏杆，但这与常规垫上练习相比更有优势。像普拉提床和普拉提椅这样的器械使用弹簧来增加运动的阻力。你可以根据需要自己调整阻力，也可以在整个运动中发展力量与耐力。使用这些弹簧器械时，使用的弹簧越多，阻力就越大。

另一件增加普拉提活动范围的理想器械就是弧形桶，它可以拉伸脊柱，增加或降低每个练习的难度。

“改变源于运动，运动促进健康。”

——约瑟夫·普拉提

301

（足趾）步法练习

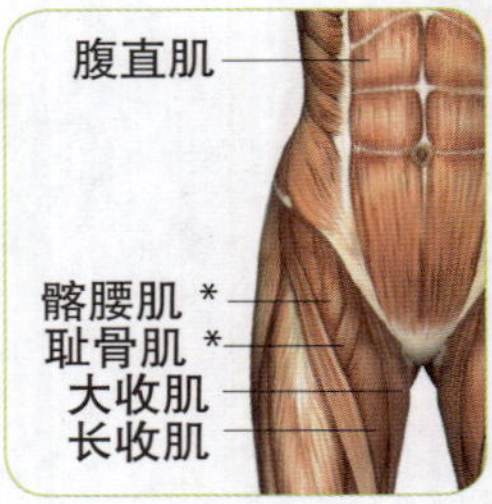

步法练习是普拉提床最受欢迎的日常训练，这一运动也被称为腿部推蹬，通过增加核心力量和腿部肌力使踝关节、膝关节和髋关节稳定且结合紧密。当从踏杆推开时，你会感受到股四头肌和小腿在变长。

正确姿势

脊柱放松，保持在中立位。控制运动，动员大腿内侧肌肉，双腿同时发力。

注意

不能脱杆失去平衡。

注释

粗体字表示目标肌肉

黑体字表示其他工作肌肉

* 表示深层肌肉

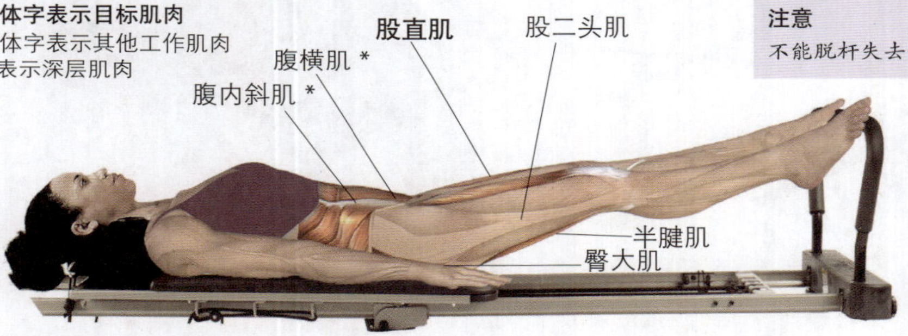

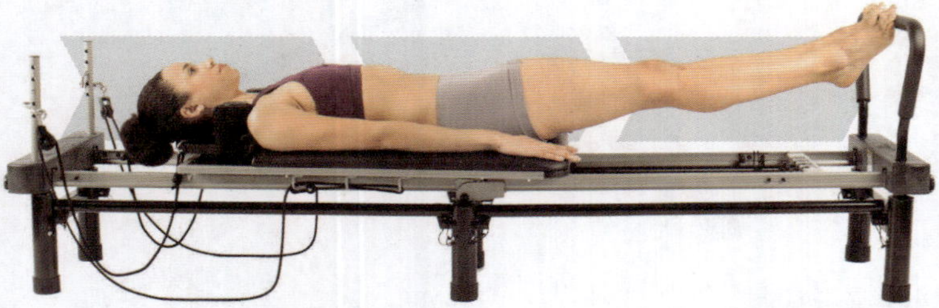

- 仰卧于普拉提床上，头枕于上端，两侧足趾平放在踏杆上，足跟并拢。
- 屈膝，双臂平放在身体两侧。
- 保持骨盆中立位，吸气，蹬压踏杆。
- 呼气，返回屈膝位。重复 10 次。

302 V 形位步法练习

躺在普拉提床上，足趾稍微分开，放在踏杆上，足跟并拢，呈普拉提 V 形姿势。屈膝，双臂放于躯干两侧。吸气，蹬压踏杆。呼气，返回屈膝，重复 10 次。

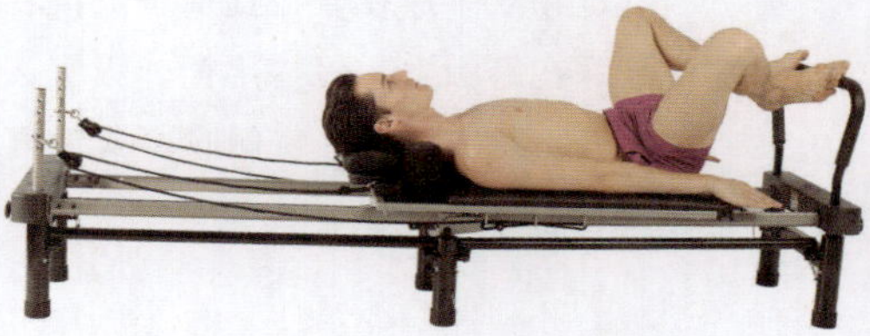

303 坐姿步法练习

坐在普拉提床的滑板边缘，屈膝，足趾放在踏板上。脊柱放松，呈轻微的 C 形曲线。吸气，蹬压踏板，同时拉伸脊柱。呼气，返回起始位。重复 10 次。

304 单腿步法练习

躺在普拉提床上，将右足趾放在踏板上，左膝屈曲在水平位置，保持盆骨中立位。吸气，蹬压踏板，伸展右腿。呼气，返回屈膝位。每侧重复 10 次。

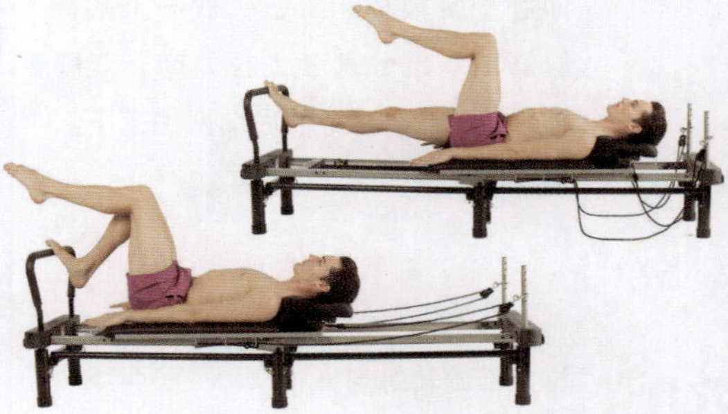

305 坐姿腿部下压练习

坐在普拉提椅子上，两足掌放在踏板上，与髋部同宽，手放在背后，腹部用力，双足快速而有控制地脉冲式踩压踏板，重复 20 次。

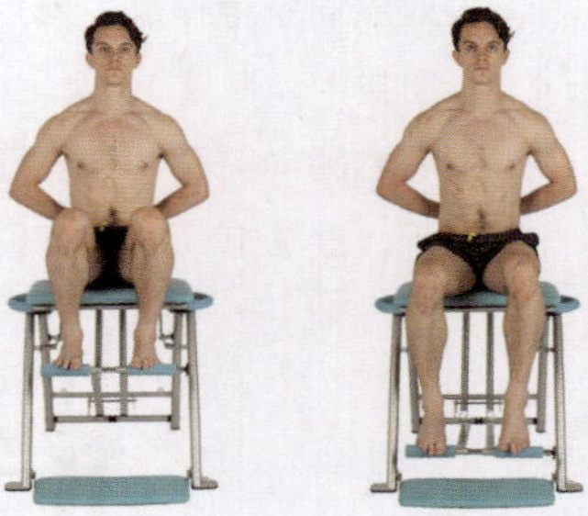

306 高位单腿下压练习

左足和双手放在普拉提椅子上，右足踩在踏板上，保持平衡，吸气。呼气，踩压踏板。每侧脉冲式重复 10 次。

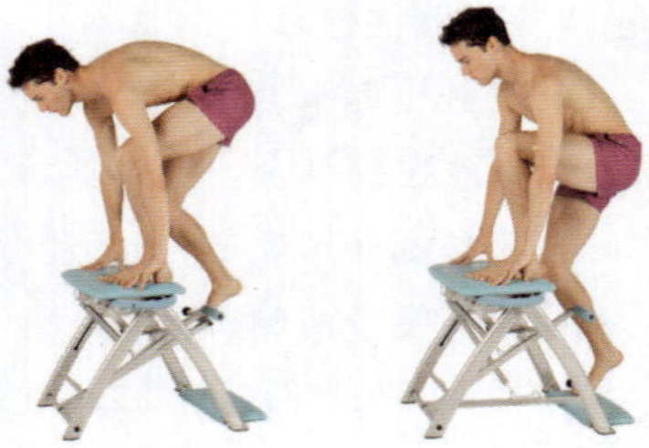

307 站姿单腿侧压练习

站立位，左侧放一普拉提椅，双手放在背后，左足踩踏板，脉冲式重复 10 次。换腿重复。

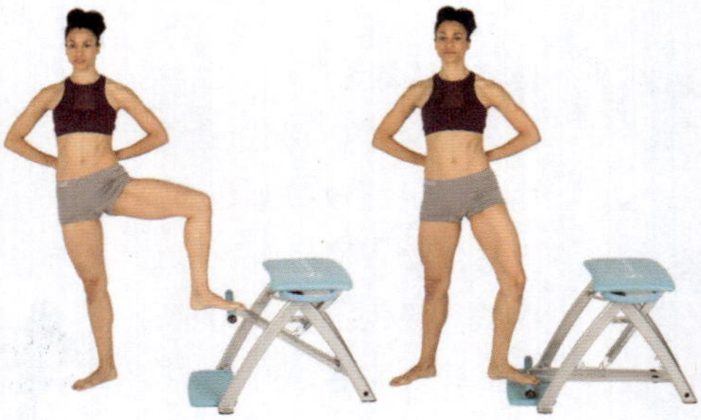

308 拉力带分腿练习

仰卧于普拉提床上，头枕于上端，屈膝，双足分别套上拉力带，双腿控制性空中伸展，然后向两侧落下。再返回空中，重复 10 次。

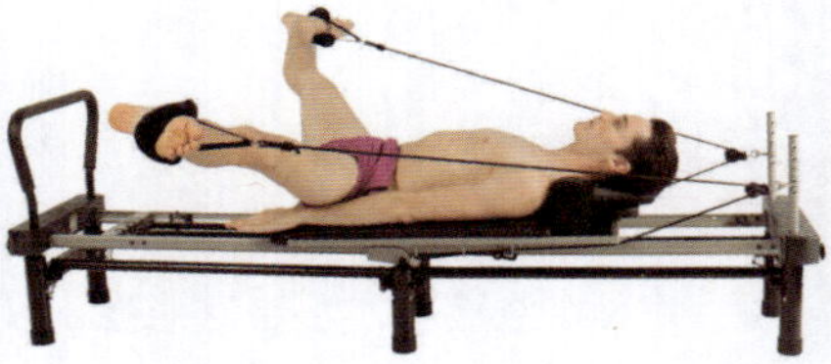

309 拉力带旋转练习

仰卧于普拉提床上，双足分别套上拉力带。双腿向空中伸展，然后向两侧落下。再返回空中，重复 10 次。左腿向踏板画圆，然后右腿向前画圆与左腿相碰。双腿交替进行，重复 10 次。

310 跪姿压腿练习

双手和左膝放在普拉提椅座上，右足放在踏板上，上下脉冲式踩踏 10 次，换腿重复。

311 坐姿蛙式练习

坐在普拉提椅上，足跟并拢，足趾向外，呈 V 形。双手放于背后，动员腹肌向下踩压踏板。上下脉冲式踩踏 10 次。

312 坐姿滑雪练习

坐在普拉提椅上，双腿、双足并拢，足趾放在踏板上，双手放于背后。双膝向右扭转，踏下踏板，腹部用力，抬起膝部同时向左扭转，再踩下踏板，每侧踏动 10 次。

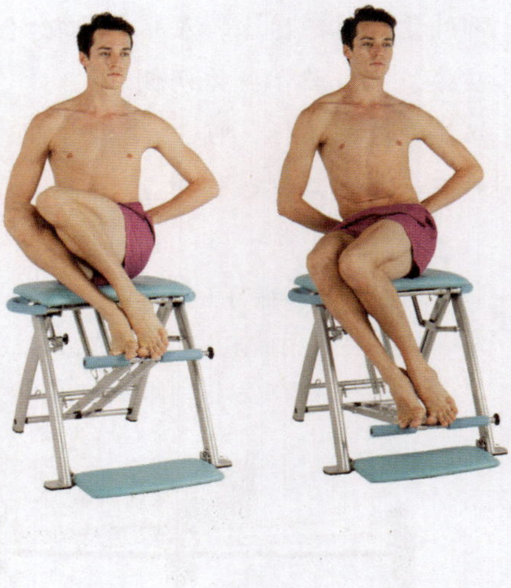

普拉提椅

普拉提椅是一种简洁但多功能的器械，配有短而弹力强的弹簧，可以发展肌力和运动协调能力。只要踏动踏板，就会得到很好的有氧运动。

313

（足跟）步法练习

足后跟步法练习类似于足趾步法，锻炼核心肌肉，稳定髋部、膝部和足踝。在足跟放于踏杆上和足背屈时，你会感觉小腿被强力拉伸以及腘绳肌拉长。

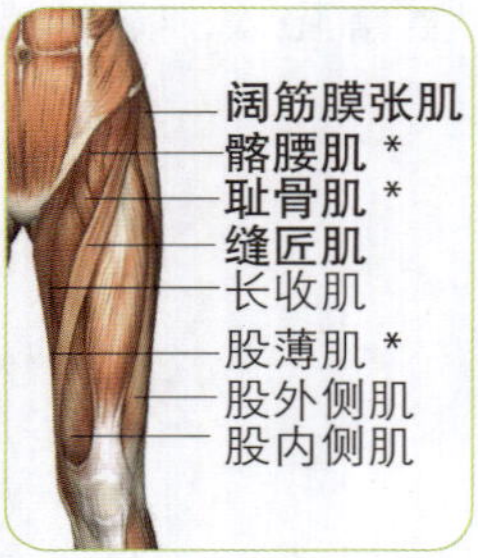

正确姿势

脊柱放松，保持中立位，控制运动，动员大腿内侧肌肉，双腿同时发力。

注意

避免脱杆，失去平衡。

注释

粗体字表示目标肌肉

黑体字表示其他工作肌肉

* 表示深层肌肉

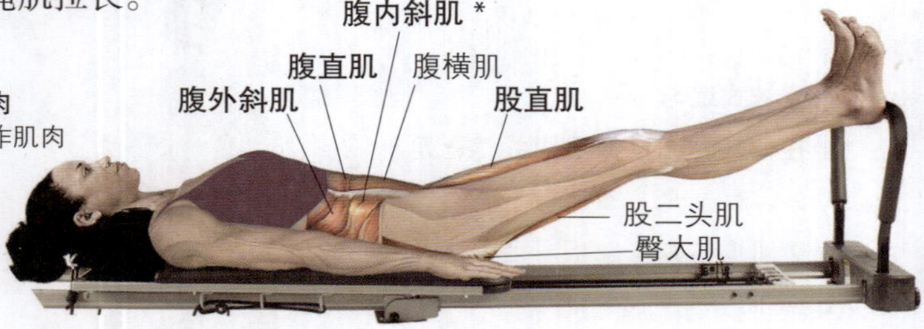

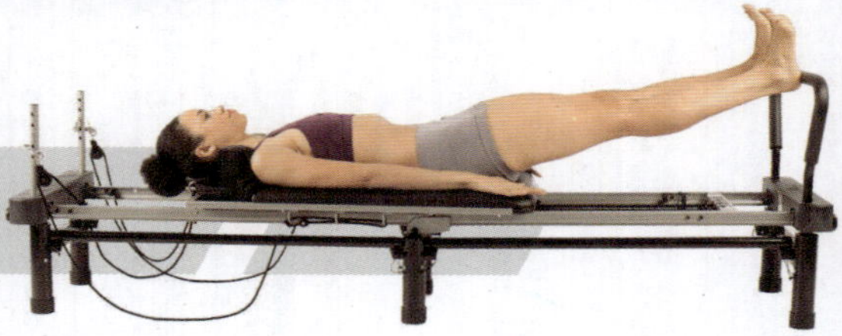

- 仰卧于普拉提床上，足跟放于踏杆上。
- 屈膝，双臂放于身体两侧。
- 保持骨盆中立位，吸气，蹬压踏板，伸直双腿。
- 呼气，返回屈膝位。重复 10 次。

314 分腿足步练习（宽距离）

躺在普拉提床上，两足跟分开放在踏板上，足趾朝外。屈膝，保持骨盆中立位，吸气，蹬压踏板，伸直双腿。呼气，返回屈膝位。重复 10 次。

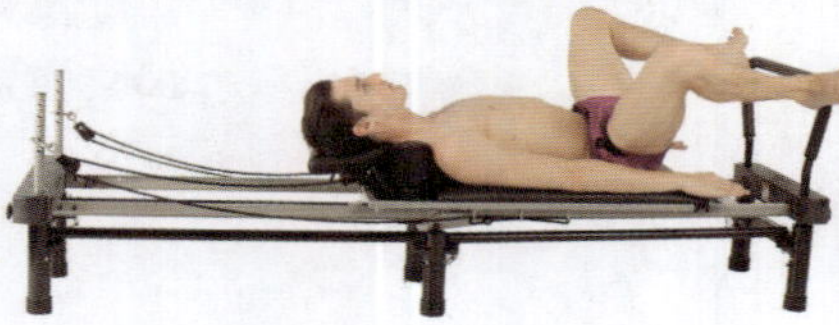

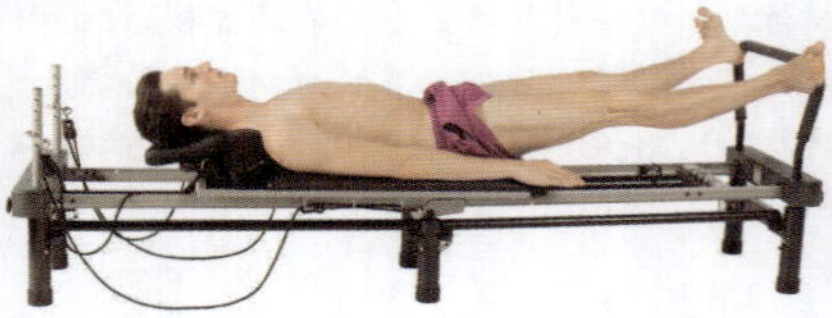

315 坐姿单腿足跟下压

坐在普拉提椅上，右腿前伸，左足跟放在踏板上，双手放于背后，腹部用力。向下脉冲式踩动踏板 10 次。换腿重复。

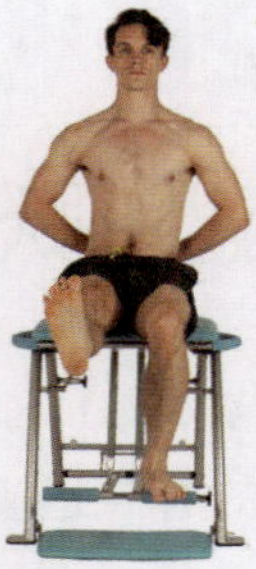

316 站姿单腿足跟下压

面向普拉提椅站立，右足跟踩在踏板上，双手放于背后。向下脉冲式踩动踏板 10 次，腹部用力，换腿重复。

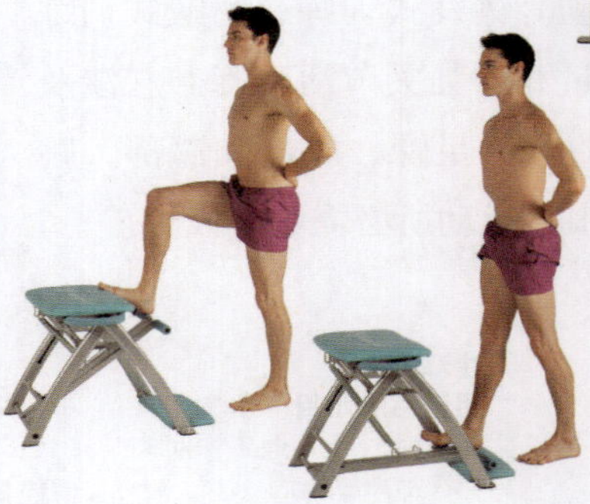

317 普拉提床小腿练习

仰卧于普拉提床上，头枕向下，足弓置于踏板上，足背屈，伸直双腿。慢慢地向前移动足趾，然后返回起始位，重复 10 次。

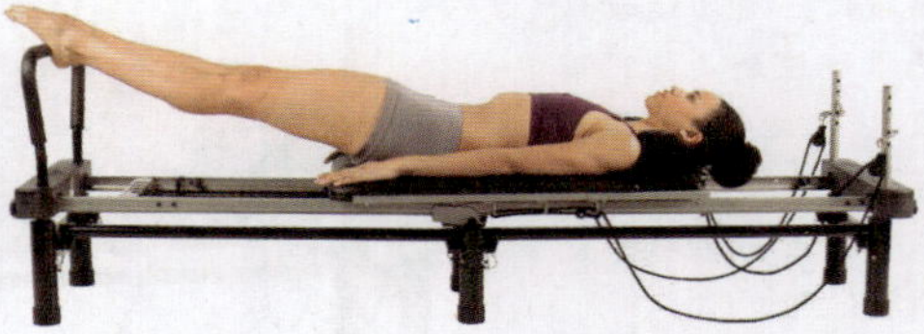

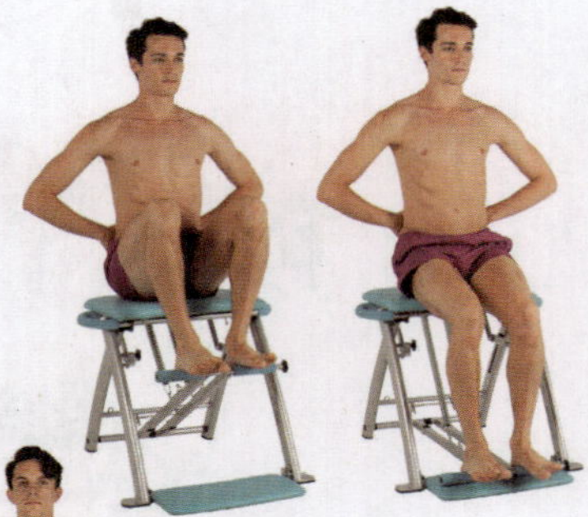

318 坐姿足跟下压

坐在普拉提椅上，足跟放在踏板上，足趾向前，双腿保持平行，双手放于背后。腹部用力，踩下踏板，脉冲式重复 10 次。

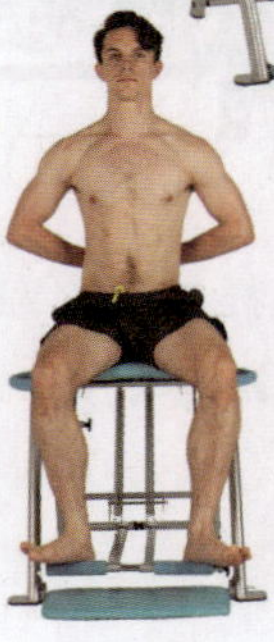

319 坐姿宽距离下压

坐在普拉提椅上，足跟分开踩在踏板上，足趾向外，双腿分开，双手放在背后。腹部用力，踩下踏板，脉冲式重复 10 次。

320

基础跳跃

爆发性的基础跳跃动作，提供了一种有活力的有氧运动。爆发式训练或跳跃式训练能发展肌肉力量和增强关节活动度。它涉及 3 个部位伸展协调：足踝、膝部和髋部。跳板跳跃建立了很多运动所必需的爆发力。

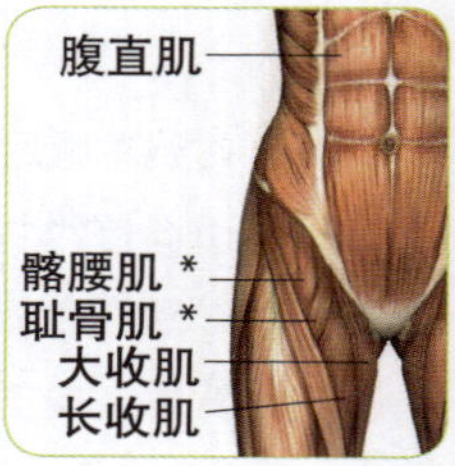

正确姿势

保持髋部稳定，跳跃离板时，足的运动从足跟过渡到足尖；落板时，从足尖到足跟。

注意

不要用足跟着板，或猛撞弹跳板。

注释

粗体字表示目标肌肉

黑体字表示其他工作肌肉

* 表示深层肌肉

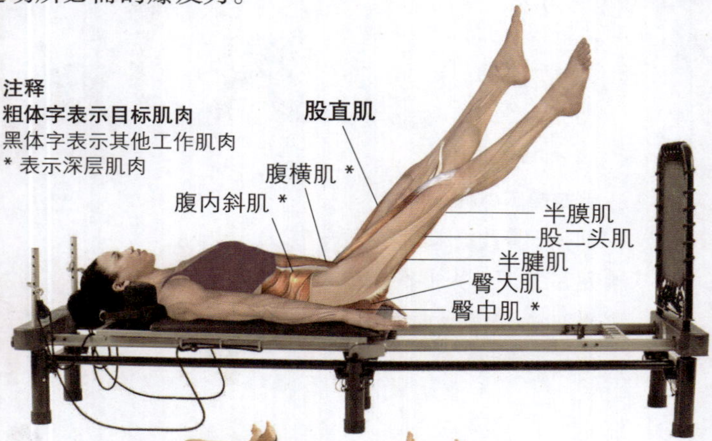

- 躺在有跳跃板的普拉提床上，屈膝，双足分开与髋同宽，放在弹跳板上。
- 推蹬、离开弹跳板，绷紧双足，伸直双腿。
- 返回时，屈膝，让滑板靠近弹跳板，以便核心肌参与。
- 重复 10 次。

321 跳板练习

在常规的跳板动作中加入一些跳跃动作来锻炼协调能力和髋部的灵活性。跳跃时，双足用同样的力量推开。

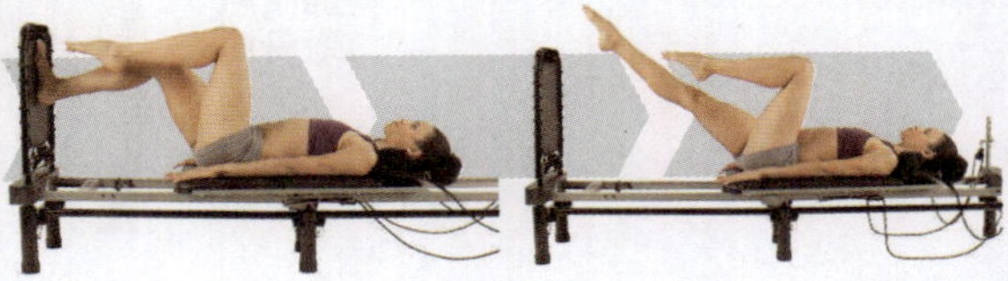

- 仰卧于普拉提床上，头枕朝下，右足放在跳板上，左腿呈桌面位。
- 右足推蹬、离开跳板，从足跟到足趾旋转，着板时从足趾到足跟。
- 每侧连续跳跃 10 次。

322 双足跳

仰卧于普拉提床上，屈膝，双足放在跳跃板上，双腿并拢，推蹬、离开跳跃板，伸直双腿。返回，屈膝。重复 10 次。

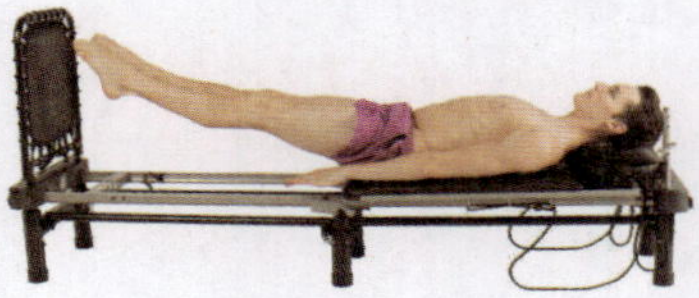

323 V 字足跳

仰卧在普拉提床上，屈膝，双足放在跳跃板上，足跟并拢，足趾向外呈 V 形，推蹬、离开跳跃板，伸直双腿。返回，屈膝。重复 10 次。

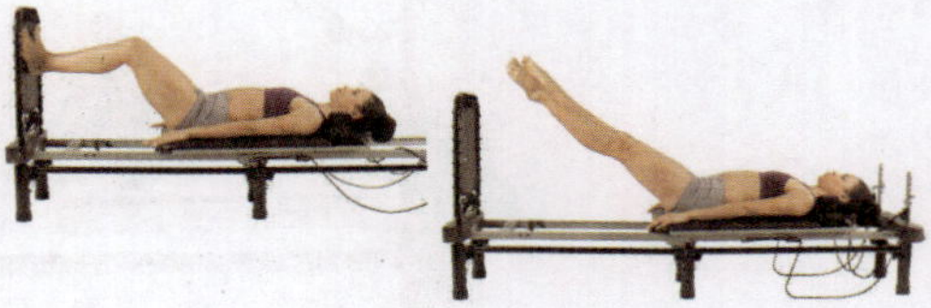

324 滑雪板跳

仰卧在普拉提床上，双足分开与臀同宽放在跳跃板上，屈膝，转向左侧，推蹬、离开跳跃板，伸直双腿。返回时，转向右侧，屈膝。重复 10 次。

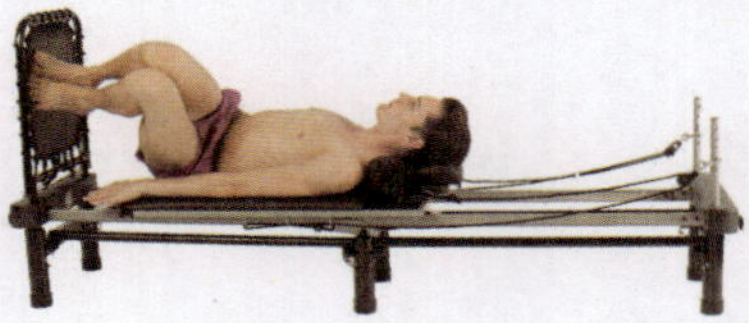

325 跳板抬腿练习

躺在普拉提床上，双足放在跳跃板上，保持双腿伸直。双腿并拢，双足同时发力抬起踝部，再慢慢放下，重复 10 次。

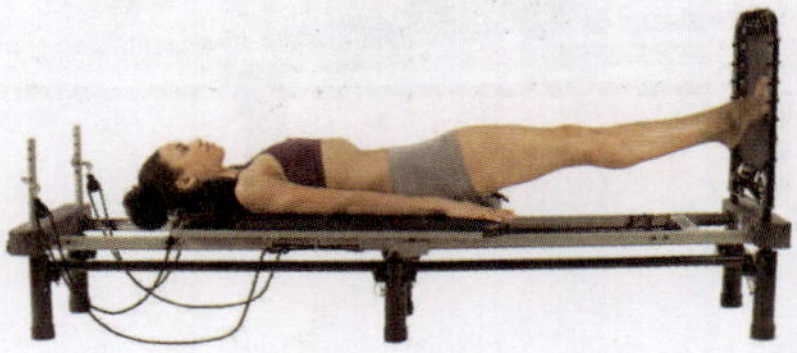

326

普拉提床双腿下压

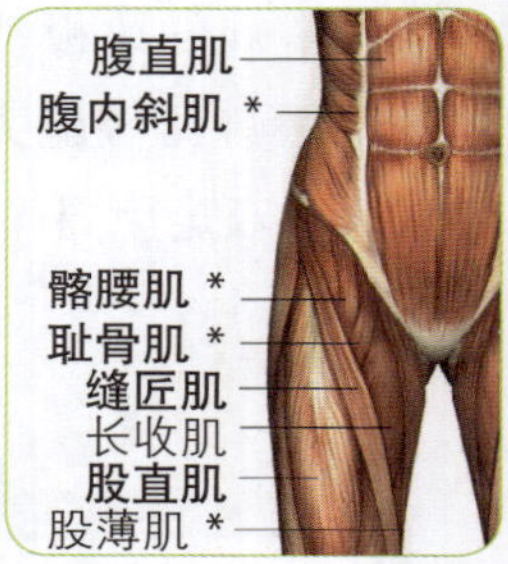

普拉提床双腿下压有助于促进骨盆和下背部的稳定。该练习也可以加强髋内收肌、伸肌以及腘绳肌的肌力。当你做这些压腿练习时，应专注于普拉提的核心和流畅原则，以改善髋部的平衡和灵活性。

正确姿势

动员腹肌，横向呼吸，在运动中双腿与髋部保持一致。

注意

当放下腿时，胸部不要抬起。

注释

粗体字表示目标肌肉

黑体字表示其他工作肌肉

* 表示深层肌肉

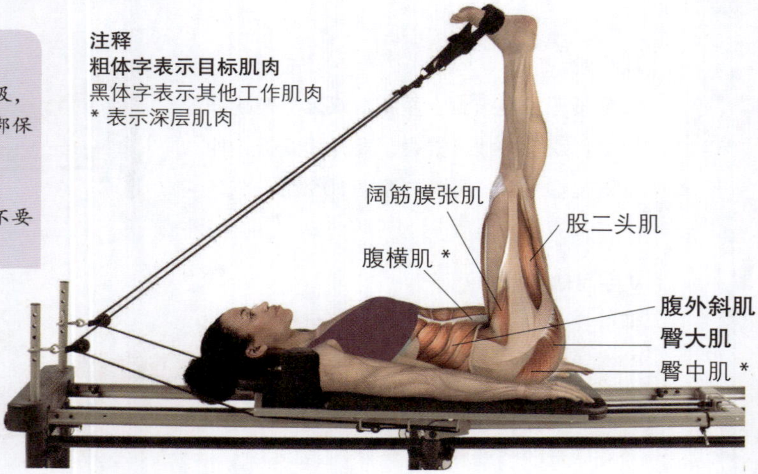

- 躺在普拉提床上，头枕向下，双足分别套上拉力带，伸展身体指向天花板。
- 双腿并拢，缓慢下压，保持双腿伸直。
- 返回起始位。重复 10 次。

327 拉力带金刚式

躺在普拉提床上，头枕向下，双足分别套上拉力带，足跟并拢。足趾朝外，两膝分开，与肩同宽，双腿缓慢下压，保持膝部屈曲。返回起始位。重复10次。

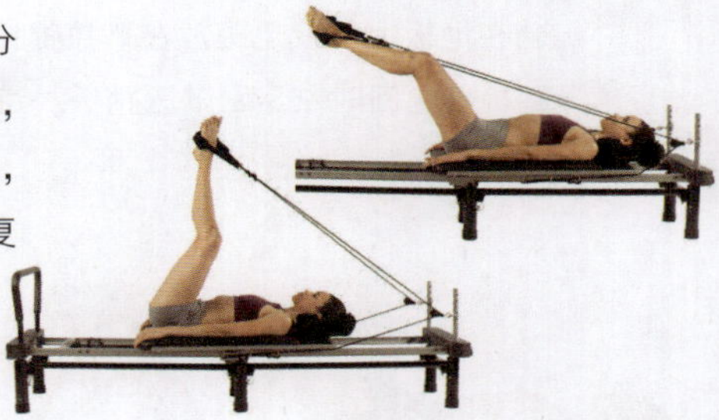

328 大腿拉力带下压式

躺在普拉提床上，头枕向下，两侧大腿上各套一拉力带，屈膝抬至桌面位置。双腿并拢，双足缓慢下压至接近地板。返回起始位，重复10次。

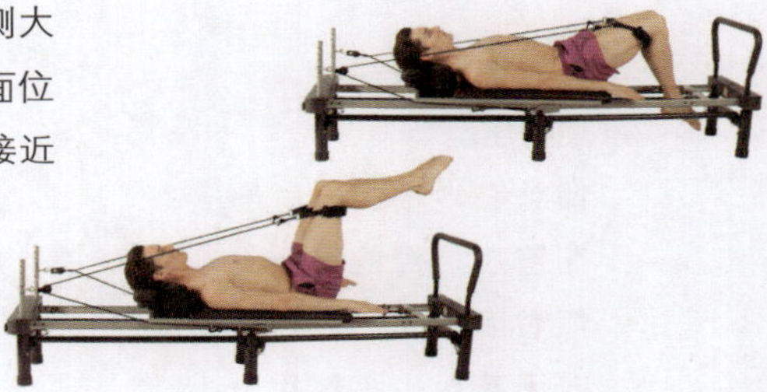

329 支撑式下压腿

躺在普拉提床上，头枕向下，抓住肩垫予以支撑，双腿垂直上举。腹部用力，双腿缓慢放下，保持伸直状态。返回起始位。重复10次。

330 踏板屈腿下压

躺在地板上，双足跟放在普拉提椅的踏板上，足背屈，右足跟向下压踏板。返回时左足跟下压踏板。每侧重复10次。

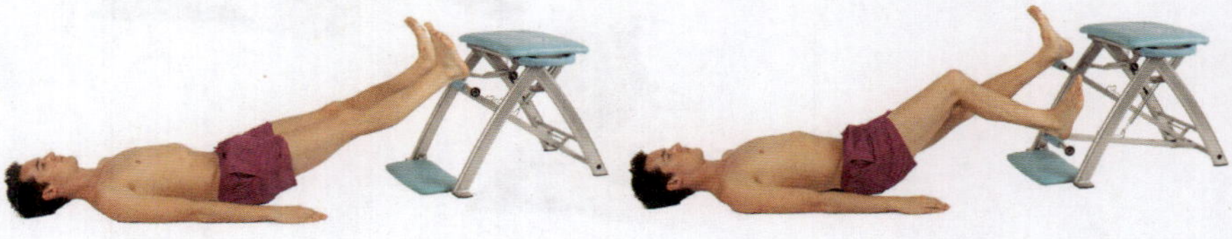

331 踏板蛙式屈腿下压

躺在地板上，双足跟放在普拉提椅的踏板上，足背屈，足趾向外，右足跟向下压踏板。返回时左足跟下压踏板。每侧重复 10 次。

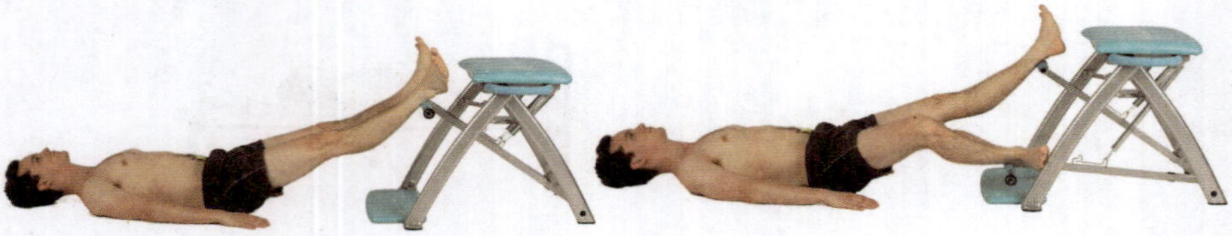

332 屈臂压腿

仰卧在地板上，肩部压在普拉提椅的足垫上，抓住踏板，举双腿指向天花板。腹部用力，双腿缓慢下降至离地面 45° 。返回起始位，重复 10 次。

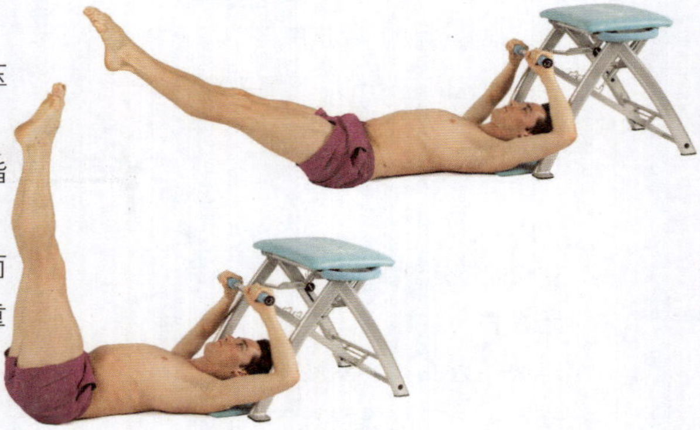

333 弧形桶压腿

背部躺在弧形桶上，双手放桶两边，双腿伸直并拢，向上举腿。慢慢放下腿，保持伸直。返回起始位。重复 10 次。

334 斜向压腿

背部躺在弧形桶上，双手放桶两边。双腿伸直并拢，垂直向上。双腿慢慢落下同时左转。返回起始位，右转落下。每侧重复 10 次。

335 弧形桶斜向压腿

背部躺在弧形桶上，双腿向上伸展，足跟并拢，足趾朝外。膝部分开，与肩部同宽。双腿缓慢下落，返回起始位。重复 10 次。

336 弧形桶分腿练习

背部躺在弧形桶上，伸腿向上，足跟并拢，足趾朝外。腹部用力，腿伸直向两侧压低。返回起始位，重复 10 次。

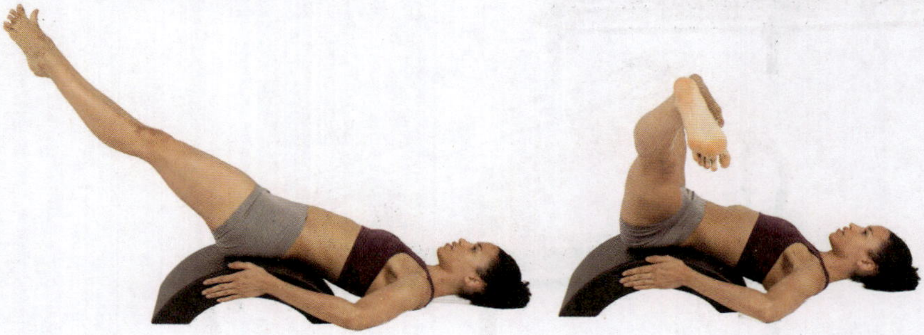

337

普拉提床腿部绕环

普拉提床腿部绕环可以锻炼核心肌群和所有的腿部肌肉，包括难以涉及的大腿内、外侧肌肉。腿部绕环提高了腘绳肌和髋部屈肌的灵活性。你画的圈越大，锻炼越有挑战性。

正确姿势

动员腹肌，骨盆保持稳定，尾骨紧贴在滑板上。

注意

不要晃动躯干或臀部，避免拱起背部。

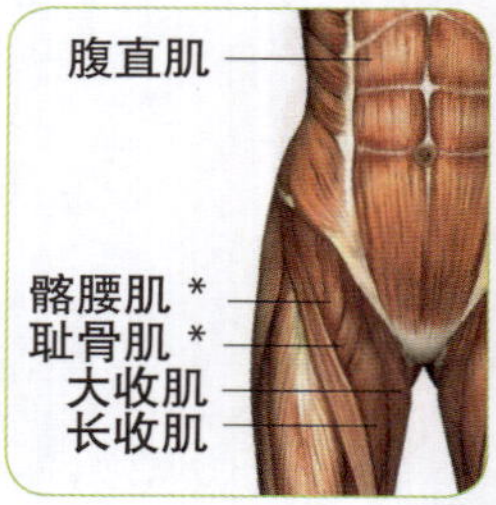

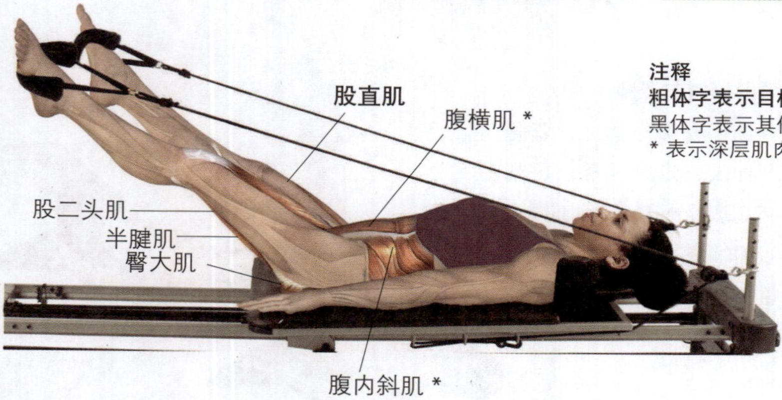

注释

粗体字表示目标肌肉

黑体字表示其他工作肌肉

* 表示深层肌肉

- 躺在普拉提床上，头枕向下。双足分别套上拉力带，腿向上伸直。
- 慢慢将双腿向两侧下压，向前画圆，最后双腿并拢。
- 返回起始位，反向绕环。每个方向重复 10 次。

338 拉力带旋转绕环练习

在普拉提床上进行风车样绕环练习，要求一定的协调性和灵活性，因为双腿在相反的方向画圈。

· 躺在普拉提床上，双足分别套上拉力带，双腿向上伸直。
· 右腿向躯干，同时左腿向踏杆做剪式运动。双腿画圈并返回上举位。
· 双腿交换做剪式运动，每个方向重复10次。

339 双腿绕环

躺在地板上，双手放在普拉提椅踏板上，双腿抬高指向天花板，先向外，然后向前画圈。返回上举位。反向画圈，每个方向完成 10 圈。

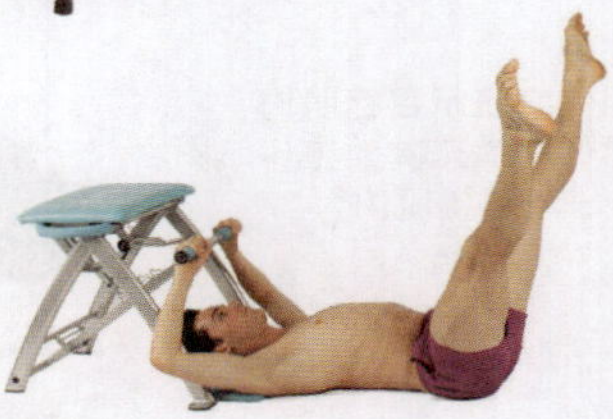

340 拉力带单腿绕环

仰卧在普拉提床上，头枕向下，左足放在踏杆上，右足套上拉力带并向上伸直。向外侧落腿，前后画圈。每侧完成 10 圈。

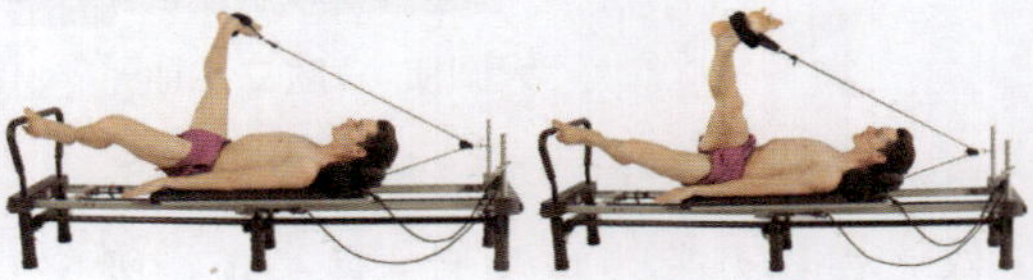

341 单腿支持绕环

躺在普拉提床上，抓住肩垫予以支撑，腿向上伸直，双腿向外侧落下，向地板方向画圆，然后双腿并拢。反向画圈，每个方向 10 圈。

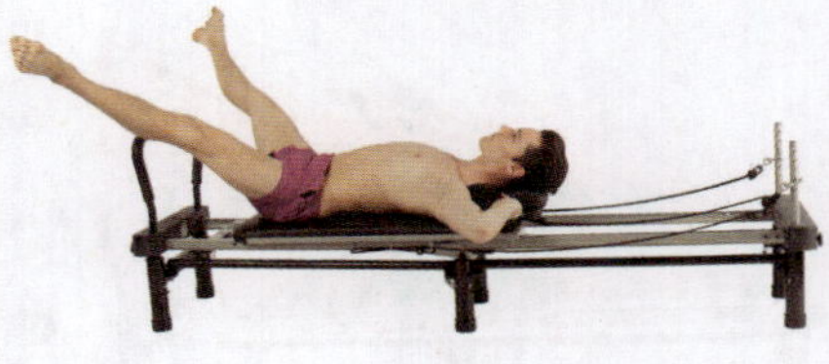

342 弧形桶双腿环绕

仰卧位，下背部躺在弧形桶上，双腿向上伸直。然后向两侧慢慢降低，朝地板方向向下画圆，然后双腿并拢。返回起始位。反向画圈，每个方向 10 圈。

343

普拉提床仰卧起坐

通过普拉提床仰卧起坐锻炼 6 块腹肌。这项运动的目标是腹部的 4 个主要肌肉：腹横肌、腹直肌、腹内斜肌和腹外斜肌。如果加上轮滑练习，手臂和肩部的力量也会得到增强。

正确姿势

当你向上和向下滚动时，脊椎要逐节活动。保持骨盆稳定，双腿并拢。

注意

不要拉伸颈部或改变腿的姿势。

注释

粗体字表示目标肌肉

黑体字表示其他工作肌肉

* 表示深层肌肉

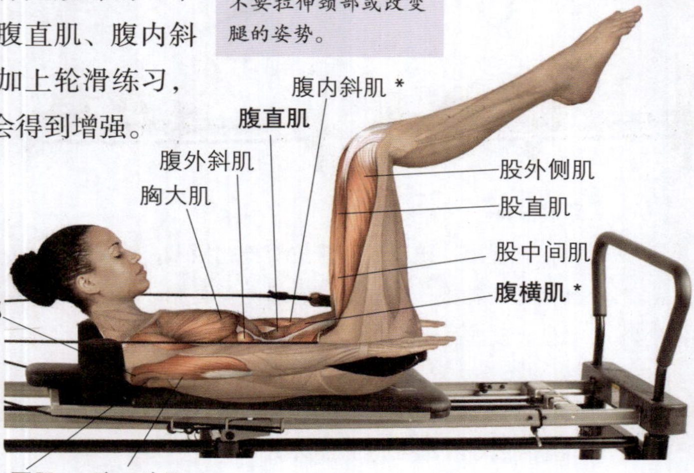

- 躺在普拉提床上，双腿抬至桌面位置。
- 双手握拉力带，双臂上伸过头顶，吸气。
- 呼气时，头和肩部卷离滑板，同时双手下拉拉力带至身体两侧。
- 吸气，返回起始位。重复 10 次。

344 拉力带仰卧起坐

躺在普拉提床上，双腿呈桌面位。两大腿各套一拉力带，双手放在头后。呼气，头和肩部从平台上卷起，同时双膝拉向胸部；吸气，返回起始位，重复 10 次。

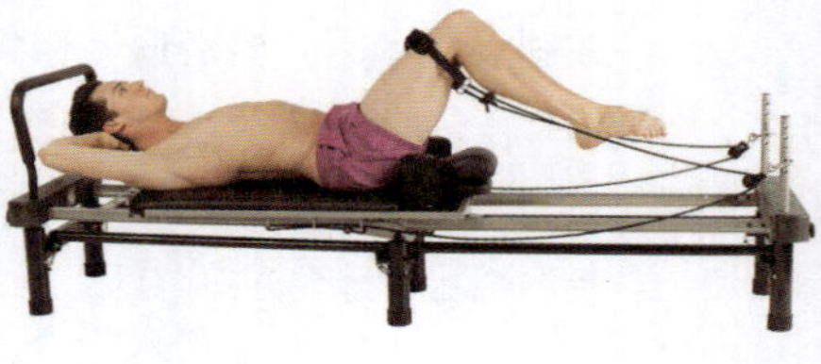

345 拉力带斜向仰卧起坐

躺在普拉提床上，双腿呈桌面位置。两大腿各套一拉力带，双手上伸过头顶。呼气并卷起头和肩部，同时躯干右转，双臂下拉至身体两侧。返回向对侧转体，重复 10 次。

346 坐姿仰卧起坐

坐在普拉提椅子上，双手向下扶在踏板上。抬起双膝，吸气。呼气时，下压踏板。返回起始位，重复 10 次。

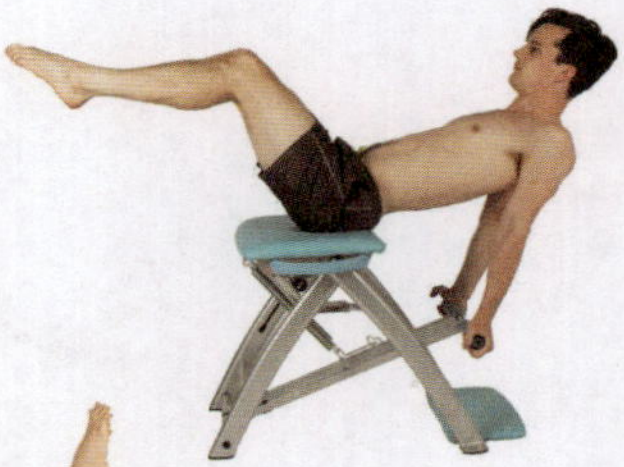

347 V 字支撑

坐在普拉提椅子上，双手向下扶在踏板上。抬起双膝，双腿伸直呈 V 形悬体位。呼气时，下压踏板。返回起始位，重复 10 次。

348 坐姿斜向仰卧起坐

坐在普拉提椅子上，双手向下扶在踏板上。抬起双膝，伸直双腿呈 V 形悬体位，并轻微左转。呼气时，下压踏板。返回起始位，向对侧重复动作，共重复 20 次。

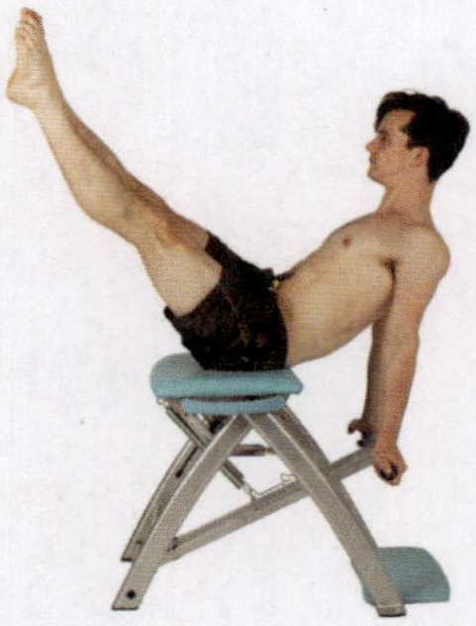

349 百拍（普拉提床）

仰卧在普拉提床上，双腿抬至桌面位置，双足各套一拉力带。呼气，伸直双腿至 45°。头颈和肩部向上卷，双臂上下摆动，吸气 5 次，呼气 5 次，重复 20 次。

350

普拉提床脊柱转体

普拉提床脊柱转体增加了上半身的活动范围，拉伸脊柱的长度。转体动作使斜肌拉伸，躯干变得更精干。想象一下，当手臂向相反方向伸展时，从手上释放出能量。

正确姿势

从腹部开始运动，向上拉伸脊柱，双臂向侧面伸展。

注意

不要利用惯性扭动和控制运动。

注释
粗体字表示目标肌肉
黑体字表示其他工作肌肉
* 表示深层肌肉

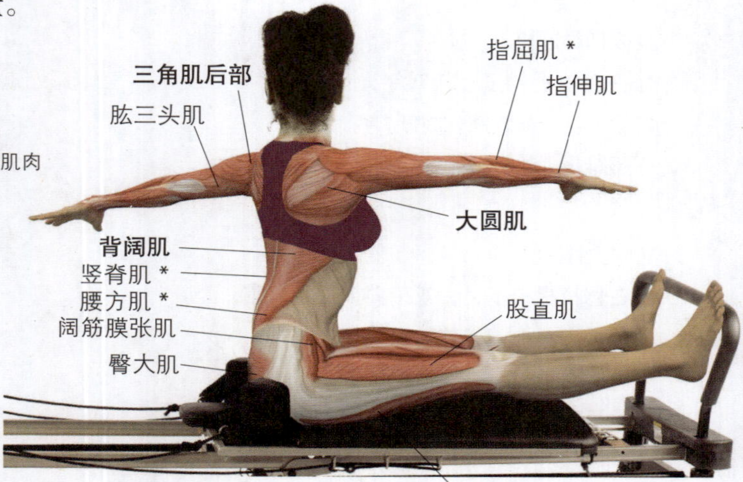

- 坐在普拉提床上，双足放在踏杆上，手臂前伸与肩同高。
- 躯干左转，双臂向两侧伸展，推动踏杆。
- 恢复到初始动作，右侧重复，每侧重复 10 次。

351 跪姿脊柱转体

跪在普拉提床上，右手持拉力带于身体右侧。上半身向左转动，保持髋部固定。左右各重复 10 次。

352 站姿锯式

站在普拉提椅旁边，双臂外展。身体向右扭转，左手向下推动踏板。返回起始位，每侧重复 10 次。

353 斜向交叉训练

面朝向普拉提椅跪姿，左手放在踏板上，右臂向一边伸展。身体向右扭转，向下推动踏板，重复 10 次。换另一边进行。

354 弧形桶呼啦圈式

坐在弧形桶上，屈膝，双足离地。伸展双臂以保持平衡。双腿并拢，躯干右转。返回中间位，反向扭转。每个方向重复 10 次。

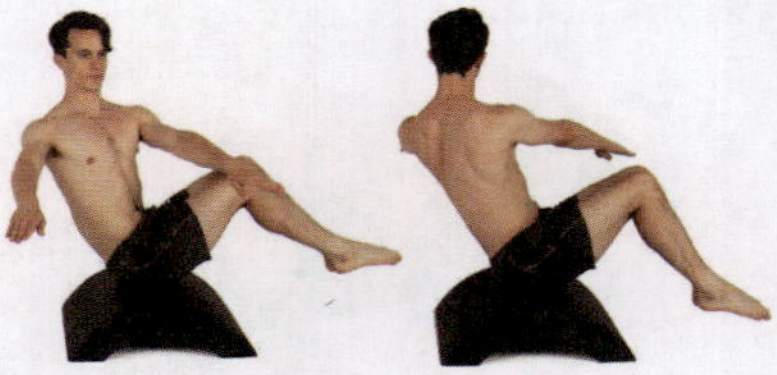

355 转体练习

坐在普拉提床上，双足放在头枕处，手持拉力带于胸前，肘部向外。向后倾，同时躯干左转。返回中间位，右侧重复该动作。每侧重复 10 次。

356

弧形桶单腿拉伸

弧形桶单腿拉伸能增强核心肌和脊柱周围肌群的稳定性，当腹部用力，在弧形桶上保持平衡，以及流畅地来回活动腿时，普拉提核心和平衡原则在这里发挥作用。

正确姿势

用腹肌拉动，背部贴在弧形桶上。

注意

避免颈部紧张或耸肩。

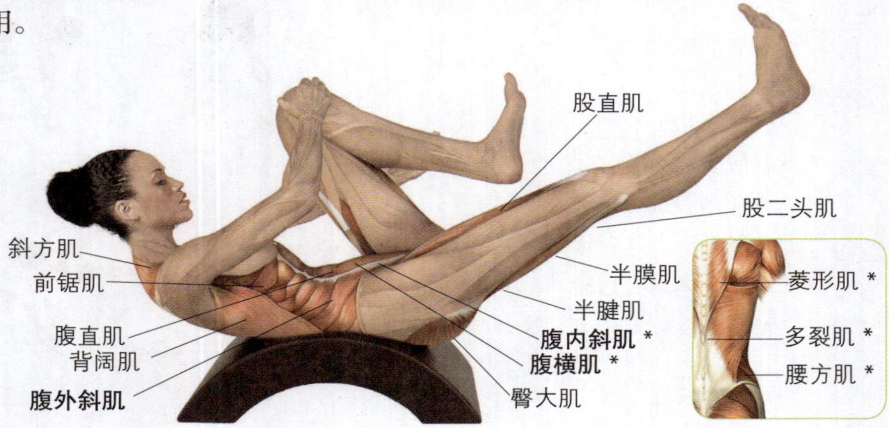

注释

粗体字表示目标肌肉

黑体字表示其他工作肌肉

* 表示深层肌肉

- 下背部躺在弧形桶上，头颈部上卷，双腿抬至桌面位置。
- 向前伸展右腿，同时左膝拉向胸前，双手放在屈曲的腿上以保持平衡。
- 换腿，每条腿重复 5 次。

357 弧形桶屈髋肌群拉伸

下背部躺在弧形桶上，肩部着地。右足放在地板上，屈左膝，并轻轻拉向胸部。两腿交替各重复 5 次。

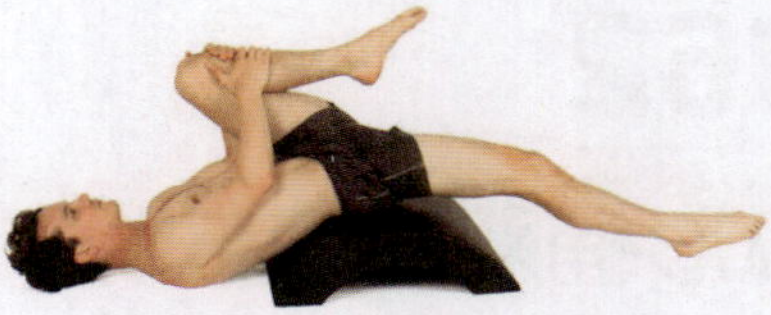

358 椅上弓箭步

面朝普拉提椅站立,左足站在椅座上，右足放在踏板上，双手置于背后，向下踩动踏板 5 次。换腿并重复。

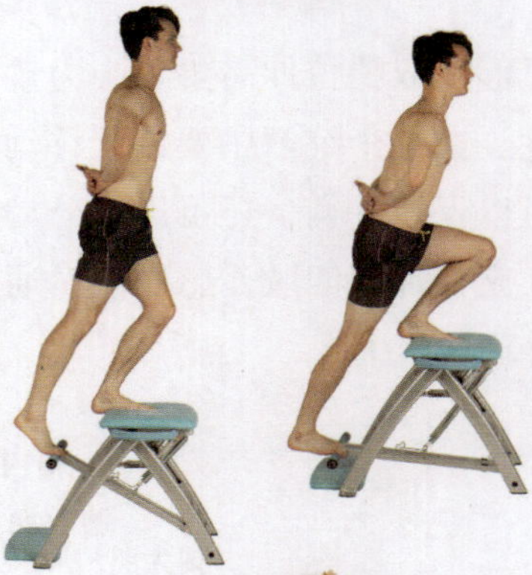

359 普拉提床腘绳肌拉伸

仰卧在普拉提床上，头枕朝下。右足套拉力带向上伸直，左足趾放在踏杆上。保持数次呼吸以感受拉伸，另一腿重复。

360 普拉提床大腿外侧拉伸

仰卧在普拉提床上，右足套拉力带，左足趾放在踏杆上。右足向左下方拉伸，保持膝部伸直。维持数次呼吸，另一腿重复。

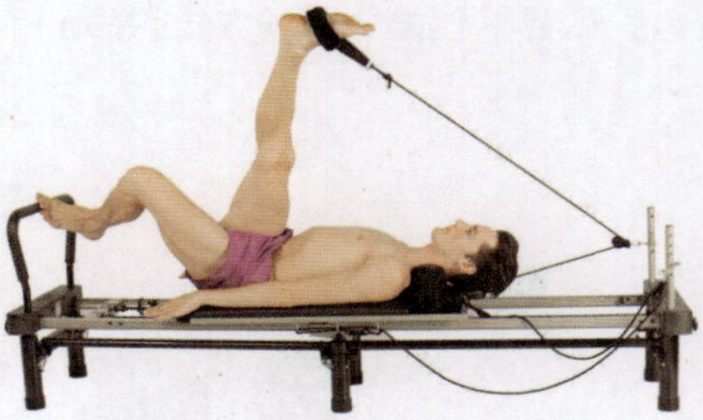

361 普拉提床大腿内侧拉伸

仰卧在普拉提床上，左足套拉力带，右足趾放在踏杆上。左足向左侧拉伸，保持膝部伸直。维持数次呼吸，换腿重复。

362

弧形桶双腿拉伸

弧形桶双腿拉伸需要核心力量和协调性。在这个练习中要慢慢移动，不仅可以保持平衡，还可以充分动员腹肌。充分伸展四肢，感受能量通过手和足释放出去。

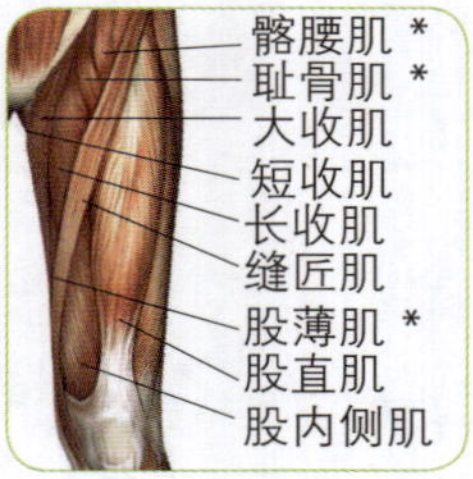

正确姿势
动员腹肌，将胸部拉向骨盆。目光注视膝部。

注意
在练习中，头不要上下晃动。

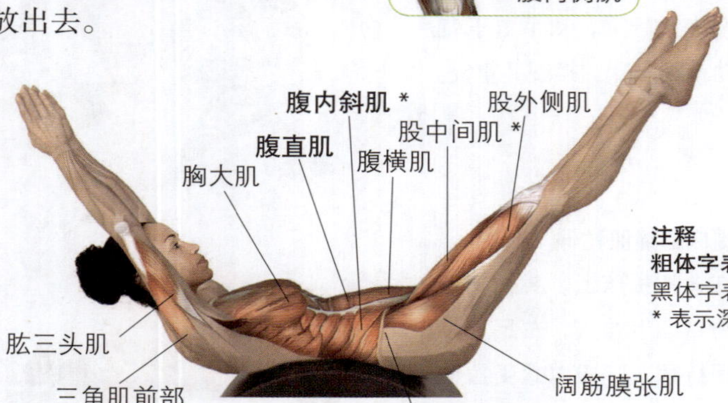

注释
粗体字表示目标肌肉
黑体字表示其他工作肌肉
* 表示深层肌肉

- 躺在弧形桶上，双膝抬至桌面位置，头颈部向上抬，手放膝部，吸气。
- 呼气时，慢慢地将手臂和腿伸展到 45° 。
- 手臂上下摆动，恢复到初始动作，重复 5 次。

363 椅上双腿拉伸

肩部放在普拉提椅的足垫上仰卧。手握踏板，头颈部向上卷抬，双腿呈桌面位并吸气。呼气时，将腿伸展至 45° 。再返回桌面位，重复 10 次。

364 弧形桶蹬车练习

中背部躺在弧形桶上，保持外侧身体平衡，双腿举至桌面位，双手放于头后，头部上卷。右腿伸直至 45°，身体左转，左膝拉向胸前，呈蹬车状。交换至对侧练习，每侧重复 10 次。

365 臀部剪刀式

下背部躺在弧形桶上，肩部和头放在地板上保持平衡，双腿抬至桌面位并向上伸直。双腿交替，上下做剪刀式运动，每侧重复 10 次。

366 背部剪刀式

中背部躺在弧形桶上，保持平衡，向上伸直双腿。头部抬离地面，交替上下移动双腿做剪刀式运动。每条腿重复 10 次。

367 普拉提椅剪刀式

肩部放在普拉提椅的足垫上平躺，手握踏板保持平衡，头颈部上卷，双腿呈桌面位，双腿交替，上下做剪刀式运动。每条腿重复 10 次。

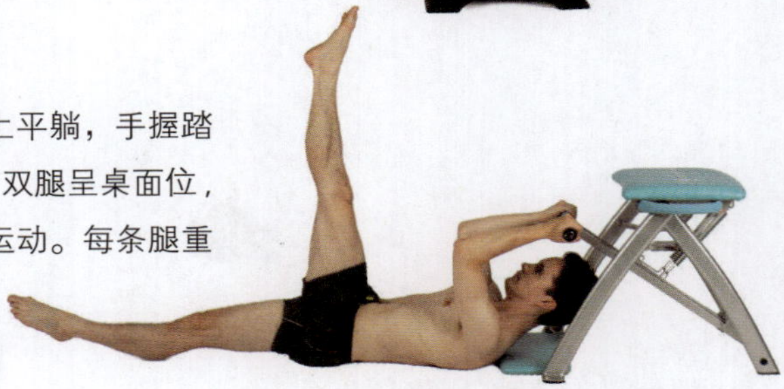

368 普拉提椅交叉式

肩部放在普拉提椅的足垫上平躺，手握踏板保持平衡，头颈部上卷，双腿抬至桌面位，吸气。呼气时，双腿从地面伸展至 45°，交叉双腿，上下交换动作 10 次。

369

普拉提床蛙式

正确姿势

保持脊柱中立，而不是把它放在平台上，把尾骨压下去。

注意

不要把膝部抬得太靠近胸部。

普拉提床蛙式挑战你的核心肌群、臀部和大腿内侧肌。这项运动可以增强臀部屈肌的稳定性，提高膝关节和踝关节的柔韧性。

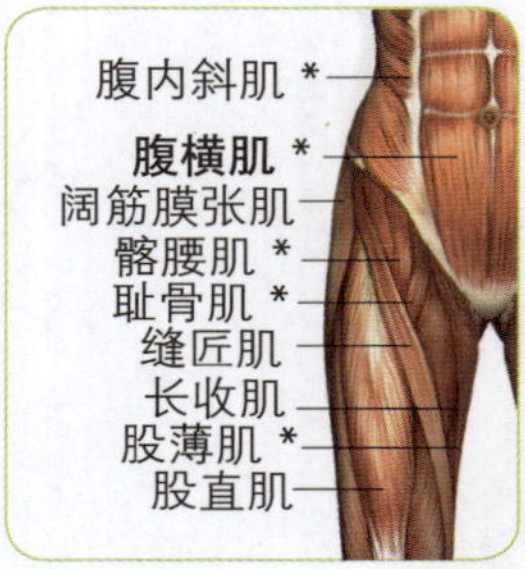

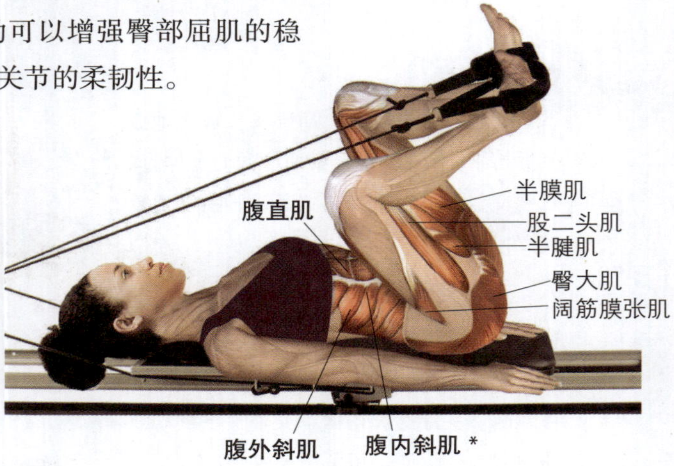

注释

粗体字表示目标肌肉

黑体字表示其他工作肌肉

* 表示深层肌肉

- 仰卧在普拉提床上，双足各套一拉力带。双足跟并拢，足趾向外，呈 V 形。
- 膝部下落向外，与肩同宽。
- 双腿伸展至 45° 时并拢，重复 10 次。

370 普拉提床蛙式绕环

仰卧在普拉提床上，双足各套一拉力带，双足跟并拢，足趾朝外，膝部下拉身体两侧。两腿画圈，前伸至45° 。双腿并拢，重复5次。

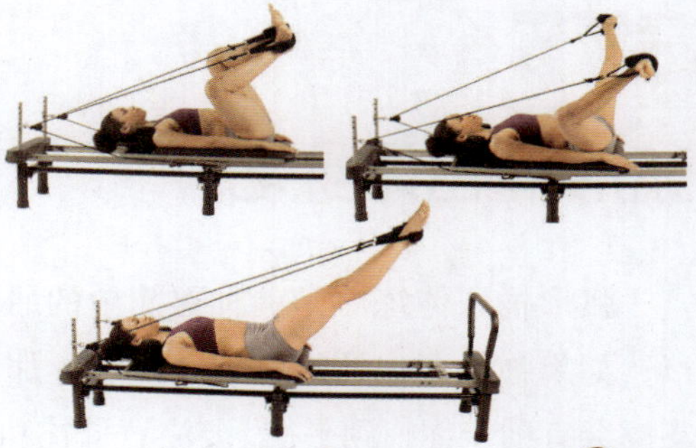

371 蛙式C形卷曲

坐在普拉提椅上，双足放在踏板上，双足跟并拢，足趾分开，呈V字姿势。当你踏动踏板时，握住扶手，头颈和上背部弯曲呈C形。足脉冲式踏动踏板5次。

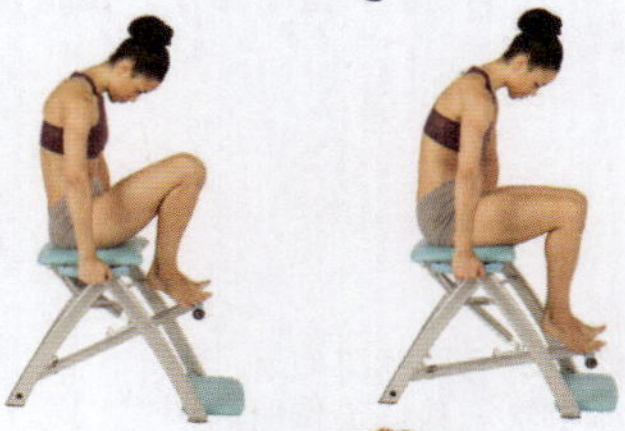

372 屈腿犁式

仰卧在普拉提床上，双足各套一拉力带，双足跟并拢，足趾朝外。屈膝，背部从平台向前卷曲的同时，双腿上抬过头，找到平衡后双腿伸展至45° ，脊椎逐节缓慢向下卷回，重复5次。

373 象蛙式

站在普拉提床的肩垫上，双手放在踏杆上，慢慢地推离踏杆，保持骨盆稳定。恢复到初始动作，重复5次。

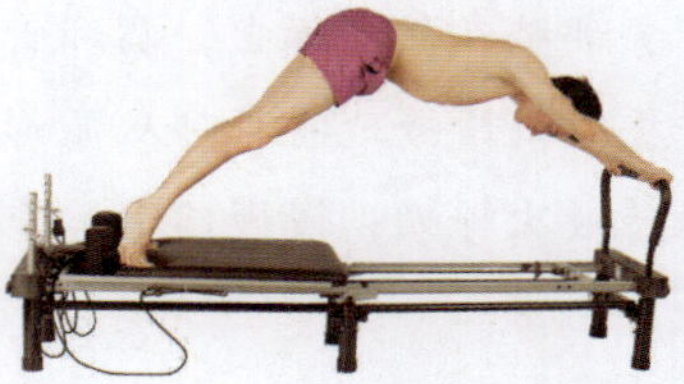

374 弧形桶蛙式

下背部躺在弧形桶上，肩部着地。双腿抬至蛙式，双足跟并拢。呼气时，双腿向斜上方伸直、并拢。返回起始位，重复5次。

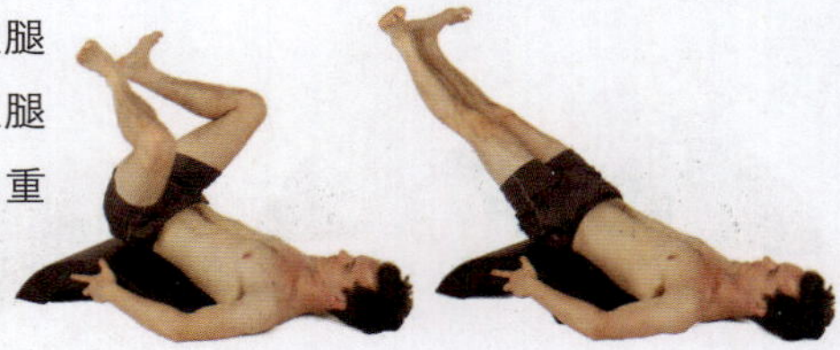

375

弧形桶屈体练习

正确姿势

缓慢逐节活动脊柱，在肩胛骨间寻找平衡。

注意

不要用颈部支撑体重。

弧形桶屈体练习是一种更简单的屈体练习。所以，如果你的肌肉还没有那么强壮，那么桶的额外支撑会有助于你找到平衡。要注意脊柱和腿的拉伸。

注释

粗体字表示目标肌肉

黑体字表示其他工作肌肉

* 表示深层肌肉

- 下背部躺在弧形桶上，肩部着地，向上伸直双腿，吸气。
- 呼气时，慢慢地将背部从弧形桶上卷起，双腿斜向上方伸展。
- 保持数次呼吸，慢慢回落，重复 5 次。

376 普拉提床屈体练习

平躺在普拉提床上，双足放在踏杆上。手持拉力带。双臂下拉拉力带至躯干两侧时，背部上卷，足举过头顶，至双腿与地面平行。把腿抬高至 45° ，保持几秒钟，落下，重复 5 次。

377 屈体剪刀式

平躺在普拉提床上，双足放在踏杆上。握住肩垫予以支撑，背部向上卷离滑板，双腿上举过头顶做屈体动作。然后降低一侧腿，抬起另一侧腿做剪刀式运动，换腿重复 5 次。

378 支撑屈体练习

平躺在普拉提床上，双足放在踏杆上。手握肩垫，背部向上卷离滑板，双腿举过头顶，平行于地板。双腿上举做屈体动作，保持 1 次呼吸，回落，重复 5 次。

379 斜向屈体练习

平躺在普拉提床上，握住肩垫予以支撑。背部向上卷离滑板，双腿举过头顶做屈体动作。双腿并拢向右转髋，然后在斜位下落。两侧交替，每侧重复3次。

380 普拉提床屈腿犁式

对于任何一位背部僵硬或腘绳肌紧张的人来说，普拉提床屈腿犁式是一个很好的锻炼方式，粗大的弹簧可以帮助你放松紧张的肌肉。

- 平躺在普拉提床上，双足套上拉力带，足跟并拢，降低双腿至 45°。
- 随着背部从滑板上卷起，慢慢将双腿举过头顶。
- 屈膝并拉向胸部，同时臀部下落，双足向后蹬伸，斜向上方，重复 5 次。

381 普拉提床直腿犁式

仰卧在普拉提床上，双足套上拉力带，足跟并拢，降低腿至 45°。随着背部向上卷离滑板，慢慢地将双腿举过头顶。双腿轻微打开，降低臀部和腿。返回起始位，重复 5 次。

382 弧形桶翻臀

仰卧在弧形桶上，肩部着地。双腿伸直向上，并拢。背部从弧形桶上抬起，将双腿举过头顶，至与地面平行。双足轻微屈曲、分开，足趾触地。回位，重复 5 次。

383 普拉提床翻臀

仰卧在普拉提床上，手握拉力带于身体两侧，双腿垂直上举。背部从平台上卷起，双腿伸过头顶，平行于地面。双足轻微屈曲、分开，保持 1 次呼吸。返回起始位，重复 5 次。

384 支撑式翻臀

仰卧在普拉提床上，握住肩垫，向上抬起双腿，将背部从平板卷起，双腿伸展过头顶，平行于地面。双足轻微屈曲、分开，保持 1 次呼吸。返回起始位，重复 5 次。

385 拉力带反向卷腹

仰卧在普拉提床上，双腿抬至桌面位置，大腿套拉力带。保持膝部屈曲，背部向上卷离滑板，保持 1 次呼吸。返回起始位，重复 10 次。

386 手臂固定反向卷腹

仰卧在普拉提床上，手握拉力带于身体两侧。屈膝并拉向胸部，同时背部向上卷离滑板，保持 1 次呼吸。返回起始位，重复 10 次。

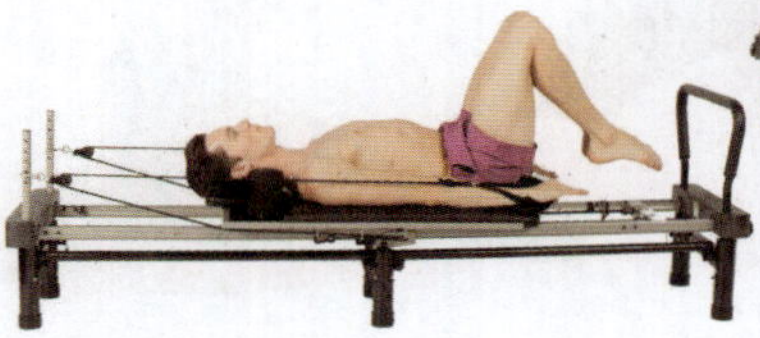

387

弧形桶旋转练习

弧形桶旋转练习给予腹斜肌很强的训练。当上半身固定用腿画圈时，旋转运动可以提高脊柱的旋转能力，还有助于肩部稳定。就像所有普拉提运动一样，旋转训练可以锻炼核心肌群。

正确姿势

开始旋转身体时吸气。当腿拉回躯干时，收腹呼气。

注意

不要把腿放得太低，那样下背部会从弧形桶上抬起。

注释

粗体字表示目标肌肉

黑体字表示其他工作肌肉

* 表示深层肌肉

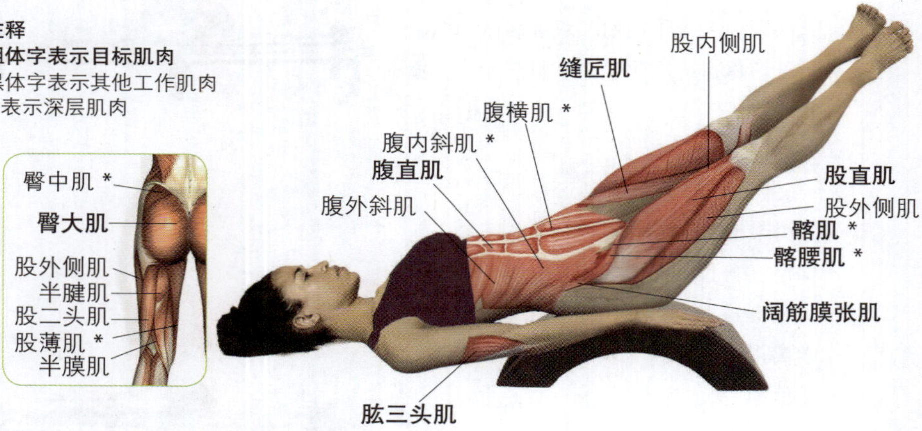

- 仰卧位，背部躺在弧形桶上，肩部着地。双腿并拢向上伸展。
- 双腿随骨盆向右旋转，向下绕，然后向左旋转，返回。
- 反向旋转，每个方向重复 5 次。

388 普拉提床上旋转

普拉提床上旋转练习比弧形桶旋转练习稍微困难一点。当你旋转腿部时，需要动用所有的肌肉来转动骨盆、提升臀部。

- 仰卧在普拉提床上，双手握拉力带于身体两侧。双腿并拢向上伸展。
- 吸气，双腿随骨盆向右扭转。向下环绕，臀部降低至平台。
- 然后骨盆向左旋转返回向上位。
- 反向旋转，每个方向 5 圈。

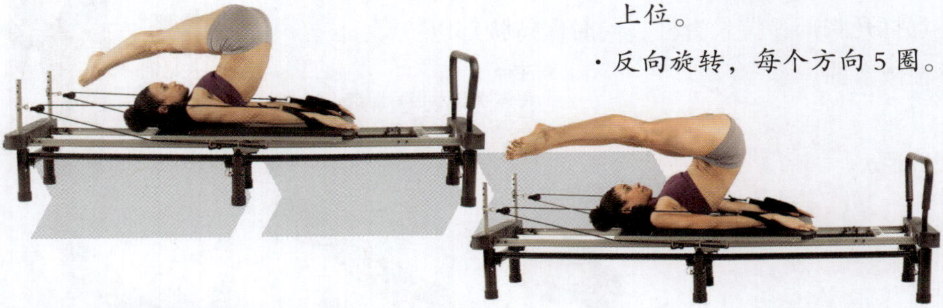

389 支撑旋转练习

仰卧在普拉提床上，双手抓住肩垫。双腿并拢向上伸展。按照普拉提床上旋转动作（#388）练习。每个方向重复 5 次。

390 普拉提椅旋转练习

头枕在普拉提椅足垫上躺下。抓住椅子，双腿垂直上举。动员腹肌，双腿随骨盆向左旋转。先顺时针画圈，然后反向重复。

391 钟摆练习

头枕在普拉提椅足垫上躺下。抓住椅子，双腿垂直上举，动员腹肌，双腿随骨盆向右倾斜。返回中间位置，然后向左侧倾斜。重复 10 次。

392

普拉提床上 V 形悬体

这是一项要求严格的全身锻炼，需要平衡能力、准确的控制能力和强大的核心能力。注意打开胸部，拉长脊柱，同时保持腰部以下轻微弯曲。

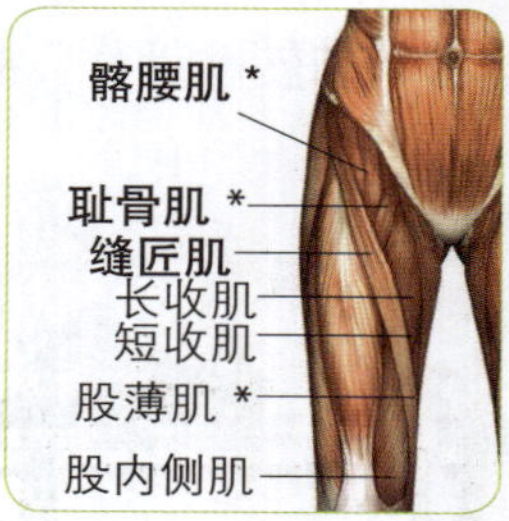

注释
粗体字表示目标肌肉
黑体字表示其他工作肌肉
* 表示深层肌肉

正确姿势

卷起躯干和回落过程中，应逐节进行。稳定骨盆，下背部保持轻微弯曲。

注意

不要拱起背部或突出胸部。

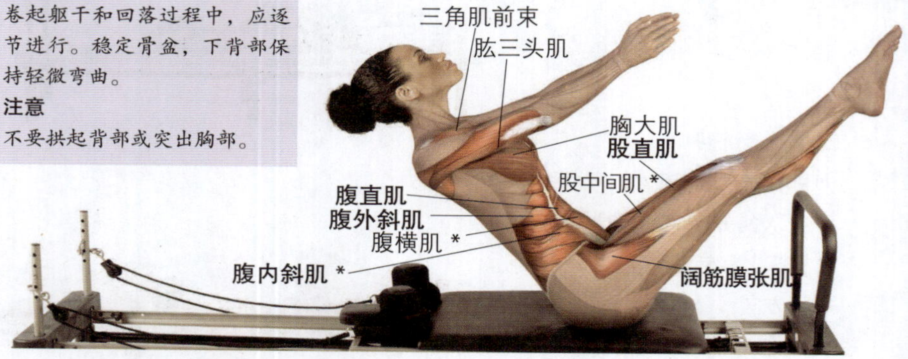

- 仰卧在普拉提床上，小腿放在踏杆上。吸气，双臂向两侧伸展。
- 头、颈部从滑板上卷起。呼气时，双腿抬高至 45°，同时双臂向上摆并与双腿平行。
- 保持 1 次呼吸，回落。重复 5 次。

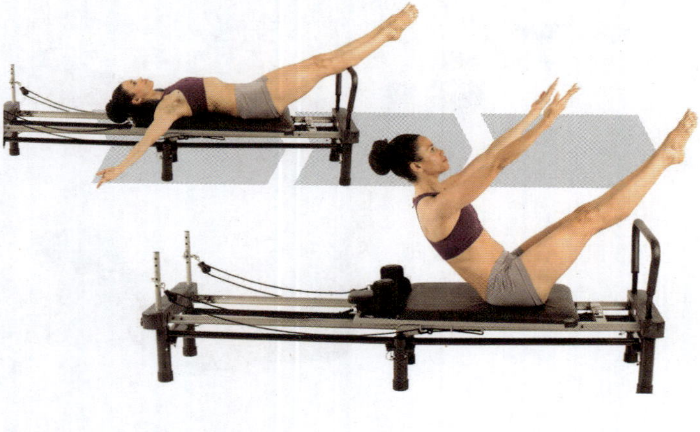

393 单腿V形悬体

因为有一条腿支撑在踏杆上，单腿V形悬体是一个较简单的悬体形式。尝试保持V形姿势做几次呼吸，来锻炼你的核心肌群。

- 躺在普拉提床上，小腿放在踏杆上。双臂向两侧伸展，吸气。
- 呼气时，头和颈部从滑板上卷起，抬高右腿至45° 。
- 双臂斜向上摆，保持1次呼吸，回位，每侧重复2~3次。

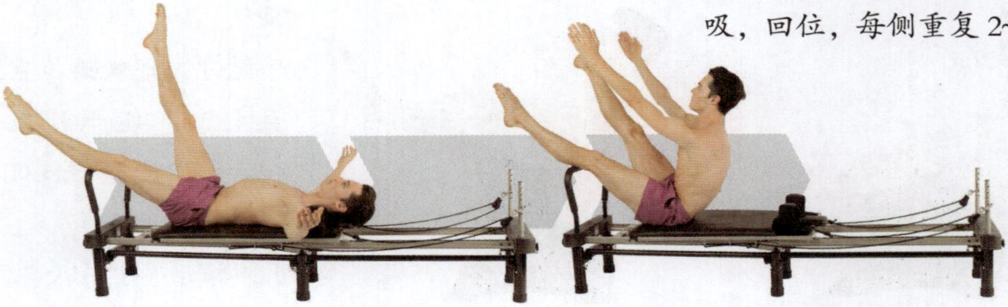

394 V形悬体对角练习

躺在普拉提床上，小腿放在踏杆上。双臂向两侧伸展，吸气。呼气时，背部卷起，同时双臂向对角摆动。保持1次呼吸，回位，每侧重复5次。

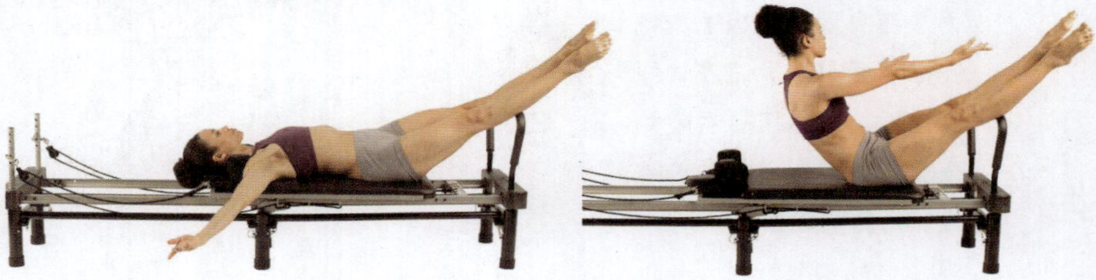

395 弧形桶V形悬体练习

双足着地仰卧在弧形桶上。吸气，伸展双腿至45° 。缓慢将头颈部从地板上卷起。呼气时，手臂向上伸展与双腿平行。保持1次呼吸，回位，重复5次。

396 弧形桶 V 形悬体振动

弧形桶上 V 形悬体振动练习需要相当的平衡能力和力量，但它是一个更简单版本的 V 形悬体，因为你是从坐姿开始，而不是从地板上卷曲开始。

- 坐在弧形桶上，将双腿抬高至桌面水平位置。双臂向前伸展，吸气。
- 呼气时，将双腿伸直至 45°，躯干稍微向后倾，使躯干和双腿呈 V 字形。
- 上下振动手臂 5 次。

397 V 形悬体扭转屈体

坐在普拉提椅子上，将右手放在身后的踏板上。将腿抬高至 45°，把左臂伸到前面。当你扭转右髋并在左手达到头顶时按下踏板。每侧重复 2~3 次。

398 V 形悬体伸展训练

躺在普拉提床上。抓住带子套环，将腿抬高至桌面位置。将头和上背部从平板上卷起，把腿伸直至 45°，使躯干和腿形成 V 形。放低，重复 5 次。

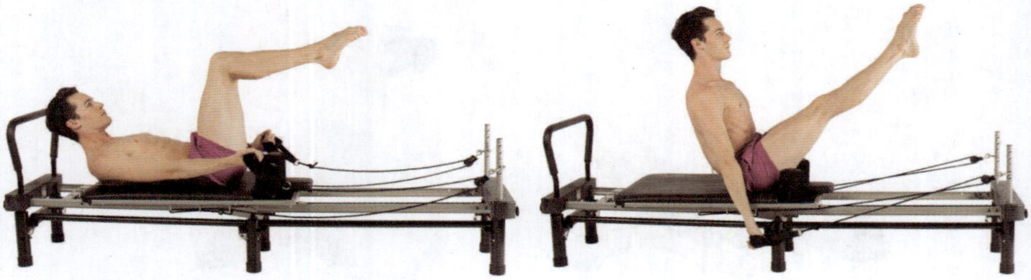

399

椅上平板支撑

椅子上的平板支撑在身体一侧锻炼时，可以使肩部和手臂的肌肉独立运动。需要协调来稳定脊柱和骨盆，这样在运动中你就不会旋转躯干。椅子上的平板支撑可以增强肩部力量和灵活性。

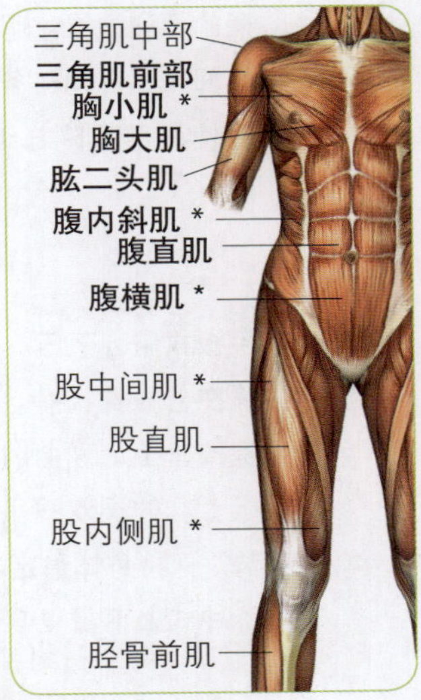

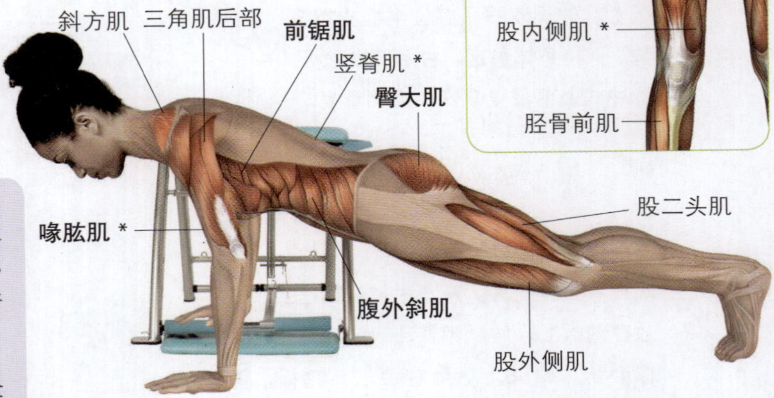

正确姿势
脊柱在整个练习过程中保持一条直线。以准确的控制来保证流畅运动。

注意
不要耸肩或让骨盆下垂。

注释
粗体字表示目标肌肉
黑体字表示其他工作肌肉
* 表示深层肌肉

- 跪在普拉提椅子旁边。右手放在踏板上，保持高位平板支撑姿势。
- 右手按下踏板时，保持躯干和臀部稳定。缓慢脉冲式上下移动 5 ~ 10 次。
- 换侧重复。

400 弧形桶上俯卧撑

跪在倒置的弧形桶旁。双手放在弧形桶的两侧边缘。吸气时，撑起身体使肩部与手在同一条直线上。呼气，屈肘使胸部下降靠近弧形桶。重复 10 次。

401 平板式俯卧下压

跪在普拉提椅旁。将左手放在普拉提椅座上，屈曲肘部，右手放在踏板上。伸展双腿呈高位平板支撑姿势。保持身体稳定，右手下推踏板。脉冲式上下重复 5 次。换侧重复。

402 俯卧撑起与俯卧下压

跪在普拉提椅旁。将左手放在椅座上，右手放在踏板上。伸展手臂和双腿呈高位平板支撑姿势（#156）。用右手压下踏板，同时降低身体高度。返回高位平板支撑姿势，每侧重复 5 次。

403 踏板俯卧下压

跪在普拉提椅旁。双手分别放在两侧踏板上。手臂伸直呈高位平板支撑姿势（#156）。每次向下压一侧踏板，重复 10 次。

404 抬腿低位平板

跪在地上，双足靠近普拉提椅。双足放在踏板上，前臂撑地呈低位平板支撑姿势（#134）。保持5个计数。

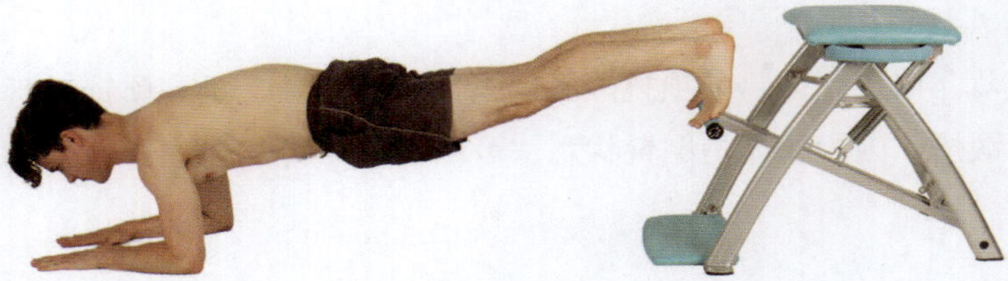

405 平板支撑压腿

跪在地上，双足靠近普拉提椅。双足放在踏板上，前臂撑地呈低位平板支撑姿势（#143）。下压踏板，重复5次。

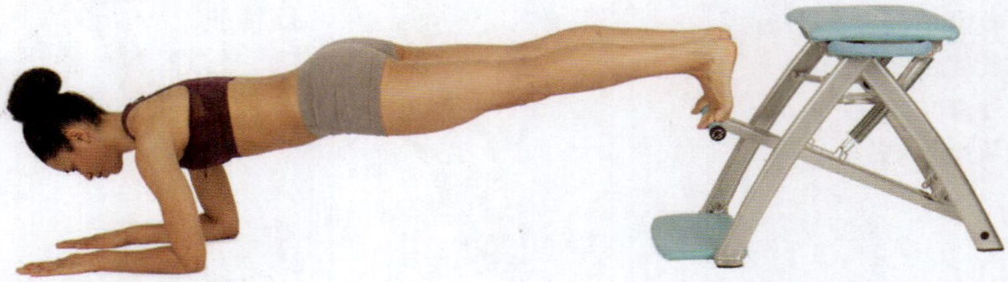

406 踏板俯卧撑

跪在地上，双足靠近普拉提椅。双足放在踏板上，手臂伸展撑地，身体呈高位平板支撑姿势（#156）。保持双足稳定，降低胸部靠近地面，完成10次俯卧撑（#198）。

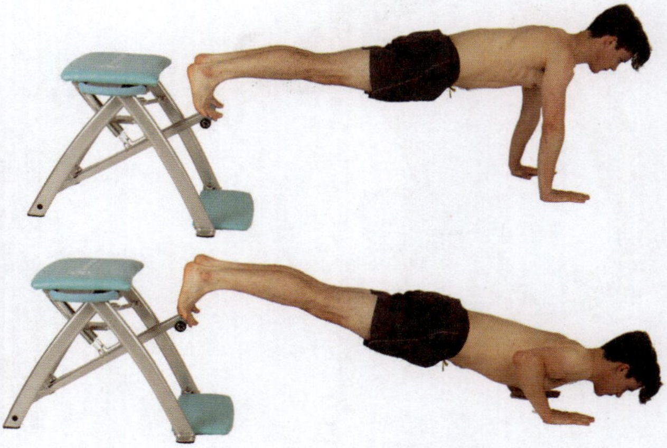

质量胜于数量

在普拉提界，你不太可能听到“你能做多少俯卧撑”这样的问题。这是因为在普拉提中，质量比数量更重要。只要有几个完美的俯卧撑动作：精准的控制、脊柱对称、核心肌群动员、横向深呼吸以及流畅的动作，都能打败一天100个松散的俯卧撑。

407

椅上屈体

椅上屈体是一项挑战平衡与力量的运动。是一项针对所有主要肌群的有效锻炼。因为屈体是倒置状态，可以锻炼一些未被完全利用的肌肉。

注释
粗体字表示目标肌肉
黑体字表示其他工作肌肉
* 表示深层肌肉

正确姿势
保持骨盆稳定的同时收紧腹部。抬起臀部。
注意
颈部不要紧张。

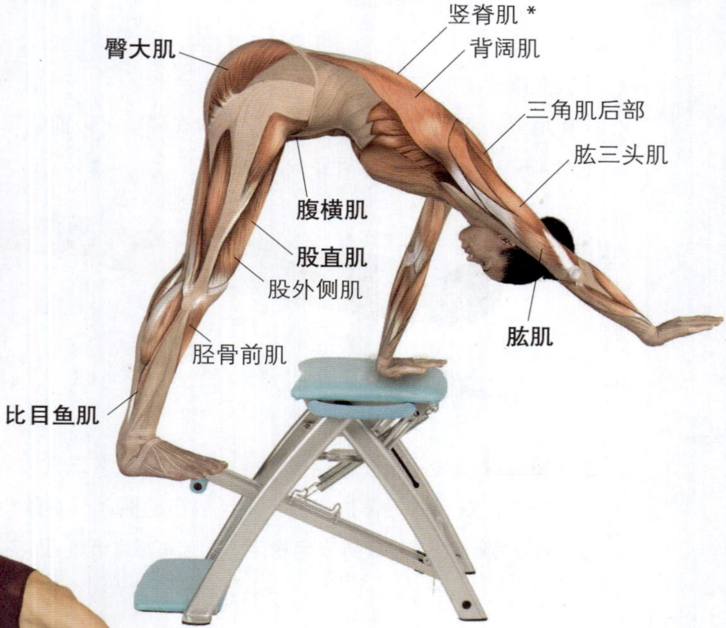

- 将手放在普拉提椅座上。双足踩在踏板上，找到平衡。
- 当双足向下踩踏板时举起右臂。
- 缓慢抬起，同时右臂落下。每侧手臂重复 5 次。

408 屈体向上

屈体向上要求集中注意力和精准的动作。一开始你可能觉得不太稳定，但是如果能集中注意力用腹肌抬升臀部，那腿部也将随之而动。

倒立练习

倒立练习是一种有趣的代替方法，头部低于心脏位置的练习可以促进血液循环并能提升淋巴系统清除体内毒素的能力。所以找到平衡让它流动。

- 把手放在普拉提椅座上，双足踩在踏板上，找到平衡。
- 收紧腹部抬起臀部，让双足随着踏板慢慢抬起。
- 缓慢降低，重复 10 次。

409 屈体（交替踩踏板）

双手放在普拉提椅座上。双足踩在踏板上，找到平衡。每次从踏板上抬起一只足，交替进行，每只足做 10 次。

410 斜向屈体向上

双手分别放在普拉提椅座上。双足踩在踏板上，找到平衡。动员腹肌，抬起臀部，让腿跟着踏板移动。

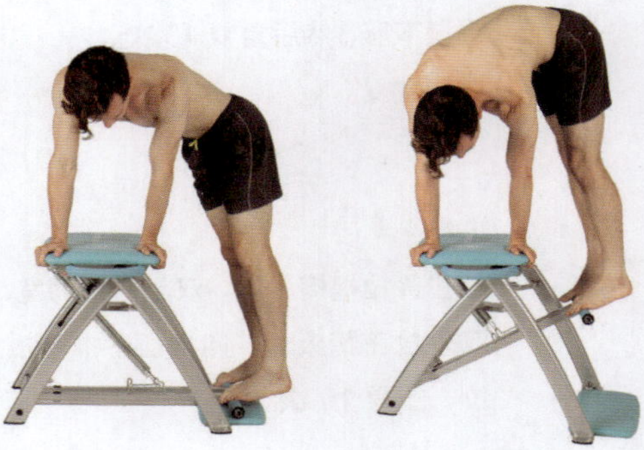

411 单腿屈体

单腿屈体要求稳定的骨盆区。如果你在这个姿势上感觉不太舒服，只需将腿稍微抬高一点，直到获得信心和力量。

- 将手放在普拉提椅座上。
- 左足踩在踏板上，右腿侧向抬起。
- 找到平衡。动员腹肌，抬起臀部。
- 每侧重复 5 次。

412 屈体向下

跪在普拉提椅子前。双足放在踏板上，将身体摆成倒 V 字。动员腹肌，抬起臀部。缓慢下压，重复 10 次。

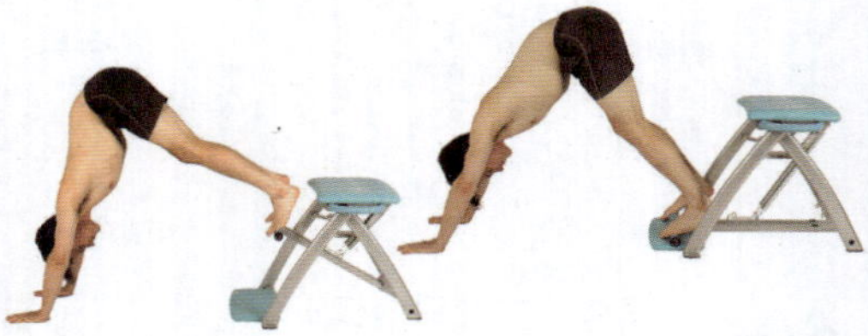

413 蛇式向下

跪在普拉提椅子前。双足放在踏板上，将身体摆成倒 V 字。左足交叉至右足后，收紧腹部，抬起臀部。缓慢下压，然后重复 10 次。换侧重复。

414 下推

站在普拉提椅子前，双足与髋同宽。拱起背部，双手放在踏板上。向地面下推踏板。返回起始位，重复 10 次。

415

弧形桶上反弓

弧形桶上反弓练习能帮助你改善身体姿态和脊柱的稳定性。该练习也能增加深层腹肌和背肌力量。与在垫子上完成反弓运动相比，弧形桶提供了更大的活动范围。

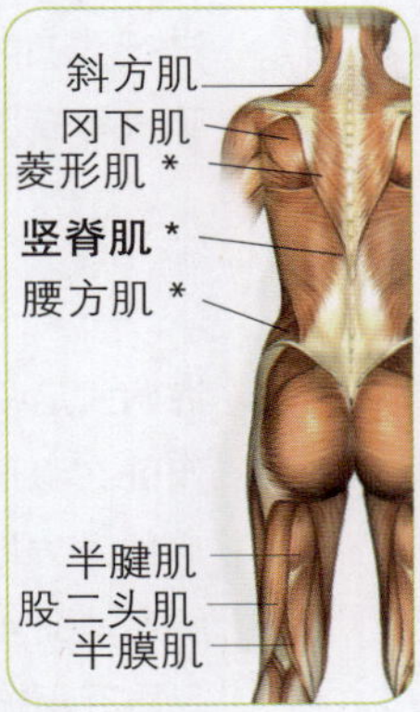

正确姿势
髋部放在弧形桶上。伸展四肢的同时伸展脊柱。

注意
不要拱起背部，或将四肢抬得过高。

注释
粗体字表示目标肌肉
黑体字表示其他工作肌肉
* 表示深层肌肉

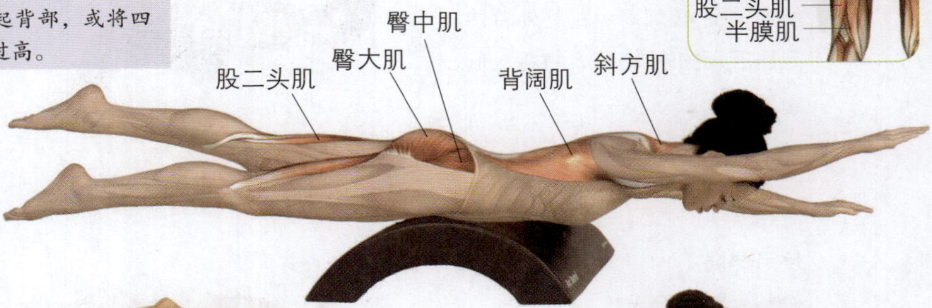

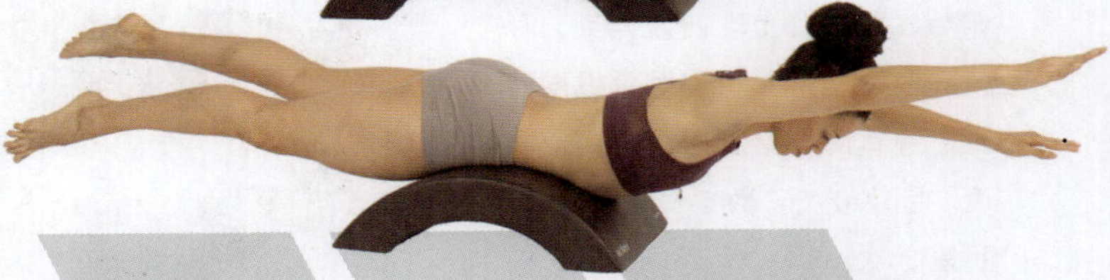

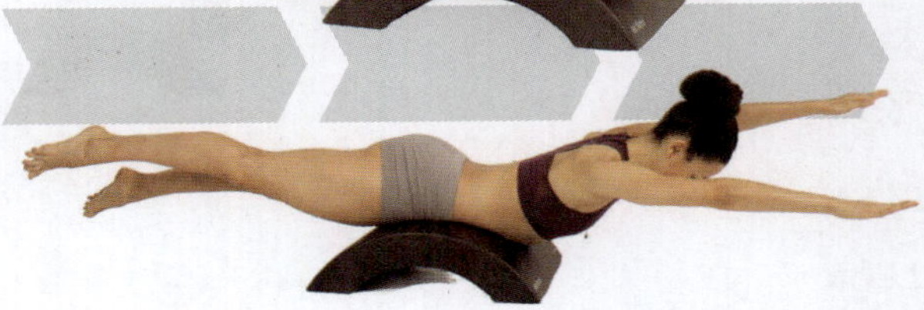

· 俯卧在弧形桶上。手臂和腿抬离地面 10 cm。
· 吸气时，动员腹肌，将肩胛骨推向背部。
· 呼气，抬右臂和左腿至肩高，落下。换对侧手臂和腿抬起，落下。
· 重复 10 次。

416 弧形桶上快速游泳

俯卧在弧形桶上，四肢伸直，吸气。动员腹肌，将肩胛骨推向背部。呼气，抬起四肢至肩高。放下左臂右腿，并进行浅打水，快速进行 5 次吸气和 5 次呼气。

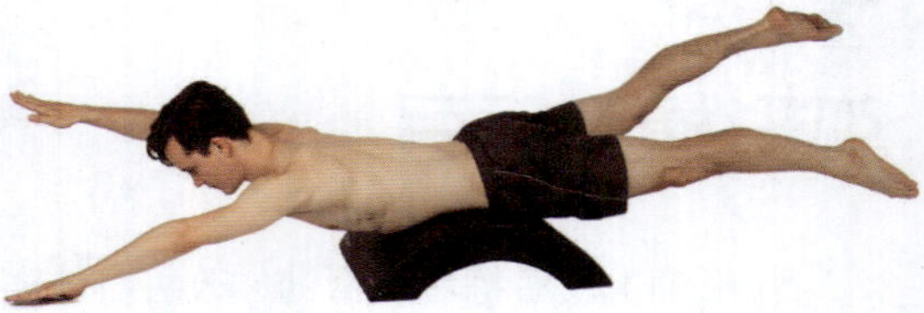

417 海豹式足跟击打

俯卧在弧形桶上。掌心朝下放在肩部下方地面上。身体前倾，双腿离地面 45° 。足趾朝外背伸。足跟互相拍击 10 次。将腿放低，重复 3 次。

418 反弓伸展

俯卧在弧形桶上。四肢伸直，呼气。收紧腹部并将肩胛骨推向背部。呼气时，抬起四肢至肩部高度。固定姿势，数 5 个数，落回，重复 3 次。

419 弧形桶上摆滚

俯卧在弧形桶上。掌心朝下放在肩部下方地面上，抬起胸部。收紧腹部，将肩胛骨推向背部。屈肘，身后向上摆动腿部。然后滚动放下，重复 10 次。

420 天鹅式扭转

髋部放在普拉提椅子上。吸气，用右手向下压踏板，左臂伸向地面，同时抬起双腿与地面平行。呼气时随着右踏板升起，躯干向左侧旋转打开。每侧重复 10 次。

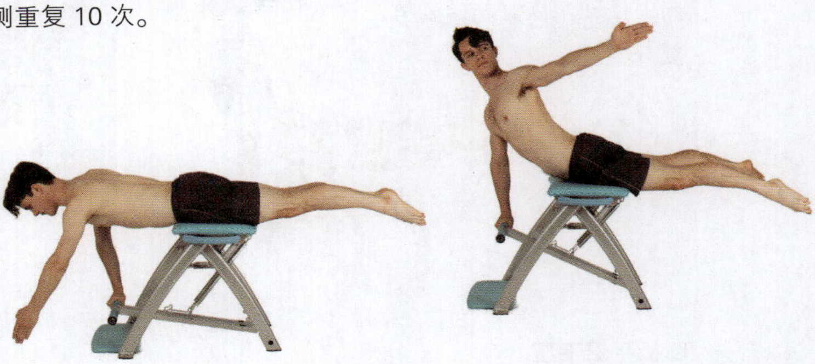

421 椅上天鹅式

髋部放在普拉提椅子上。双手下压踏板，双腿抬起与地面平行。呼气时拉回踏板并抬起躯干。扩展胸部并拉伸脊柱。重复 10 次。

422 俯卧手臂脉冲式

髋部放在普拉提椅子上。左手放在踏板上，屈肘。右臂向体侧伸展，双腿抬至臀高。呼气，脉冲式上下按压踏板 5 次。换臂重复。

背部伸展

在我们日常活动中涉及脊柱弯曲或身体前屈。伸展，换句话说就是向后拱起脊柱，扩展胸部。当你做伸展运动时，想象着四肢正在脱离身体来拉伸脊柱，感受来自指尖和足尖的能量释放。

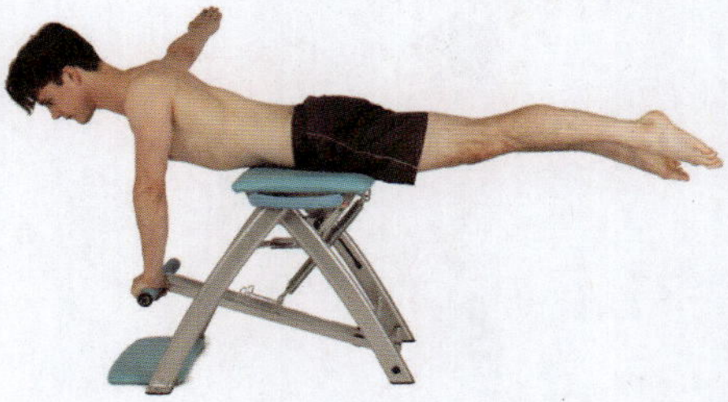

423 椅上摆滚

髋部放在普拉提椅子上。双手放在踏板上，双腿抬起平行于地面。呼气时压下踏板，双腿向上摆动。恢复起始姿势，重复 5 次。

424 踏板手臂下压

髋部放在普拉提椅子上。双手放在踏板上，双腿抬起平行于地面。右手向下压踏板，拉回。然后左手下压踏板。每只手重复 5 次。

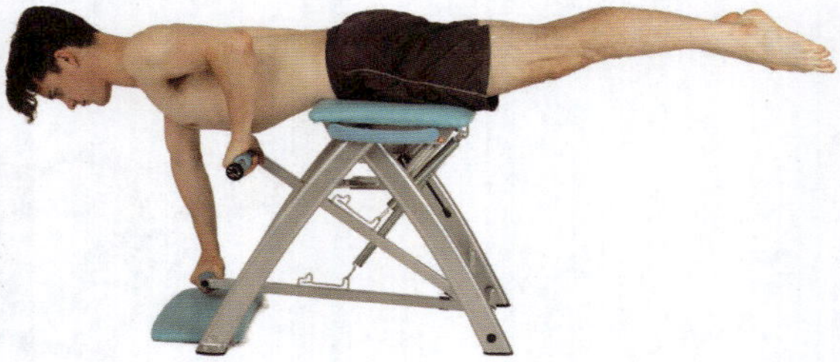

425 单臂踏板上举

髋部放在普拉提椅子上。左手下压踏板并将右臂伸展于体侧。将腿抬起与地面平行。缓慢拉起左侧踏板，再下压，每只手重复 5 次。

426 天鹅式扭转下压

左髋放在普拉提椅子上。双手放在踏板上并将腿抬高至臀部高度。向下压踏板，再升回，每侧重复 5 次。

427 天鹅式俯卧下压

俯卧在普拉提椅子前。双足与髋部同宽，双手放在踏板上。吸气准备。呼气时，向下压踏板并将躯干向上抬离地板，保持目光凝视前方，释放踏板恢复起始位置，重复 5 次。

428 交替踏板天鹅式

俯卧在普拉提椅子前，双足与髋同宽。吸气，手放在踏板上。呼气时按下右侧踏板，目光转向右边。两侧交替进行，重复 10 次。

目光的意义

在普拉提中，正确的姿势是至关重要的，你目光注视的地方也会影响你的姿势。当你向上凝视时，会使用颈伸肌；向下凝视时，使用颈屈肌。当你以连续和精准的方式进行练习时，让眼睛引导你的身体。

429

趾尖臀桥

趾尖臀桥可以加强臀大肌、腘绳肌和股四头肌的肌力，对骨盆的稳定也有一定作用。它还能发展背部伸肌力量，改善身体姿态。强壮的臀部也能缓解下背部的疼痛。

正确姿势

有意识的缓慢运动，通过臀部匀速推动。伸展时呼气，返回时吸气。

注意

不要突出胸部。

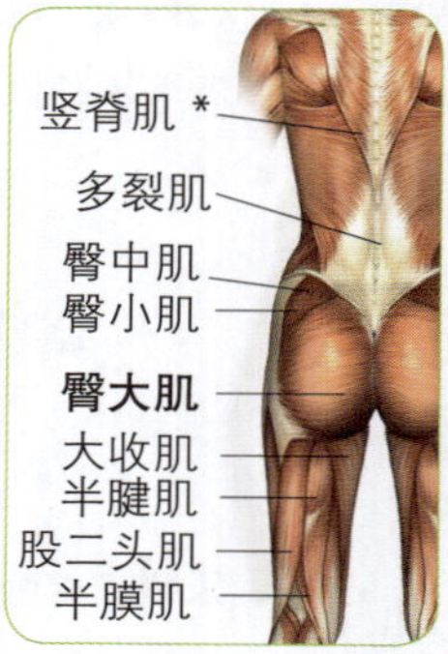

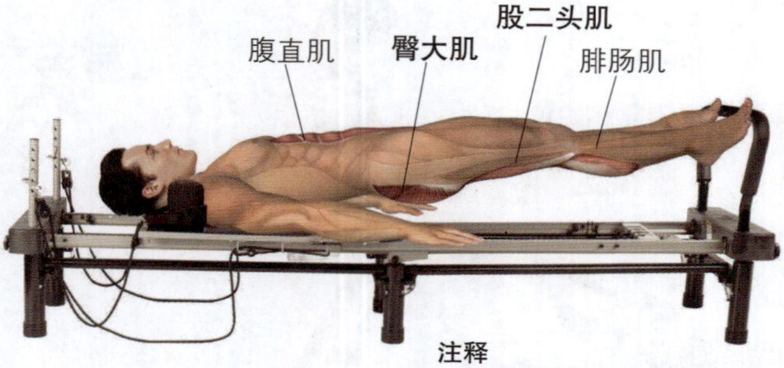

注释

粗体字表示目标肌肉

黑体字表示其他工作肌肉

* 表示深层肌肉

- 仰卧在普拉提床上，头枕朝下，双臂放在躯干两侧。
- 屈膝，足趾平行放在踏杆上。
- 伸直双腿时，逐节从滑板上拱起脊柱。
- 保持 1 次呼吸，慢慢恢复起始位置。重复 5 次。

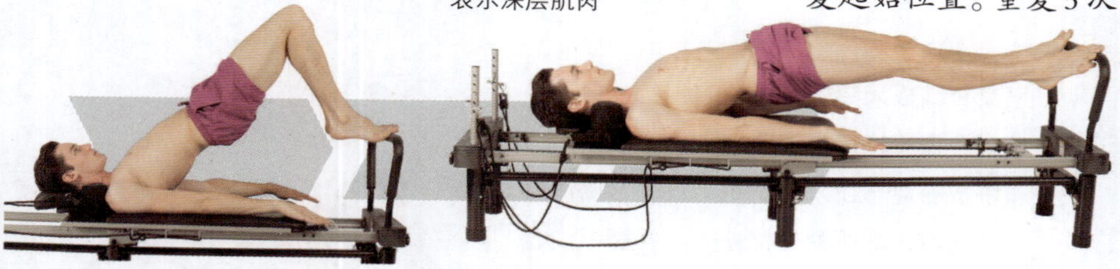

430

臀桥

仰卧在普拉提床上，双臂放在躯干两侧。屈膝，将足弓平行放在踏杆上。保持平台稳定和双膝屈曲。将脊柱从平台上拱起。保持 1 次呼吸，慢慢向下卷回，重复 5 次。

431 V 字臀桥

仰卧在普拉提床上，双臂放在躯干两侧。屈膝，将足放在踏杆上。双足并拢足趾向外。保持双腿伸直，缓慢抬起臀部和下背部，保持 1 个呼吸，然后缓慢向下卷回，重复 5 次。

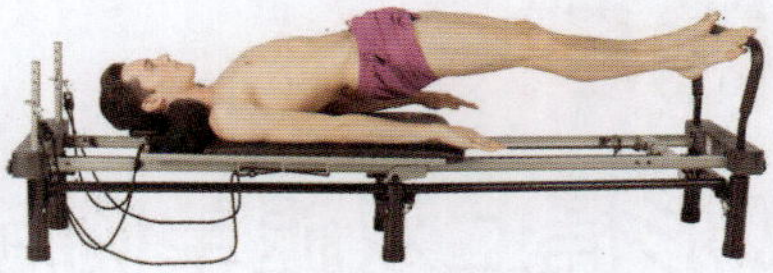

432 宽足位臀桥

仰卧在普拉提床上，双手放在躯干两侧。屈膝，双足跟分开，与肩同宽放在踏杆上。保持双腿伸直，缓慢抬起臀部和下背部。保持 1 次呼吸，然后缓慢向下卷回。重复 5 次。

433 臀桥踢腿

仰卧在普拉提床上，双膝屈曲，双足放在踏杆上。缓慢抬起臀部和下背部。双腿伸直时，将左腿向上伸展至 45° 。随着滑板倒回，左腿放回至踏杆上。交换双腿，重复 5 次。

433 臀桥脉冲式

仰卧在普拉提床上，双膝屈曲，双足趾放在踏杆上。保持屈膝状，臀部和下背部从滑板上卷起，抬起左腿在踏杆上轻拍 5 次。换腿重复。

435 椅上臀桥

仰卧于地面上，双足跟放在普拉提椅的踏板上。从地板上抬起臀部和背部，呈桥式姿势。向下压踏板，1 次 1 只足。每只足重复 5 次。

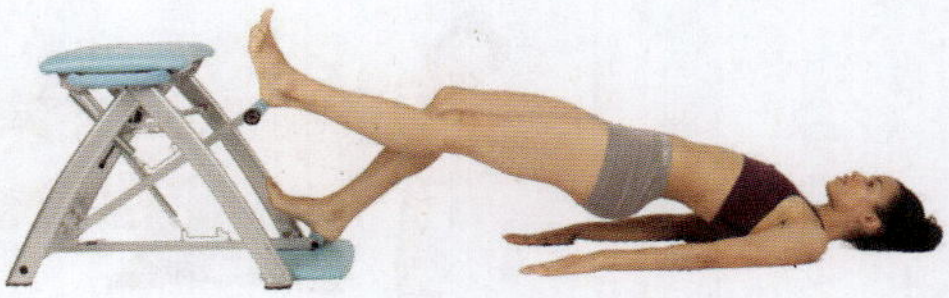

436

弧形桶上双腿单侧起

弧形桶上双腿单侧起可以改善平衡能力和姿势，增强耐力。该练习也可以增强腹部斜肌、臀部以及上臂肌肉的肌力，注意保持身体在一条直线上并精准地控制动作。

正确姿势

保持从头到足呈一条直线。

保持肩部稳定。

注意

不要让躯干向地面下垂。

注释

粗体字表示目标肌肉

黑体字表示其他工作肌肉

* 表示深层肌肉

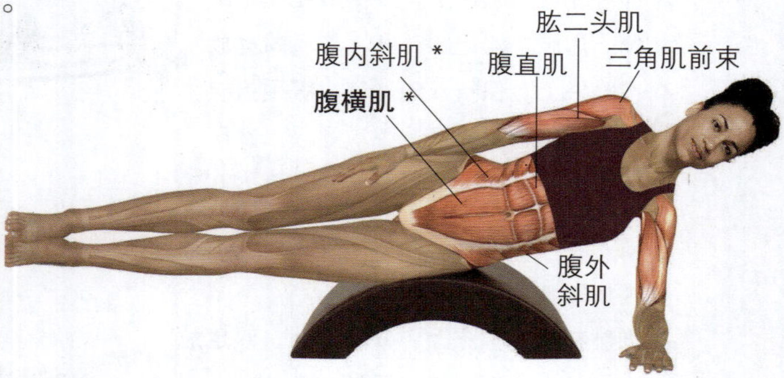

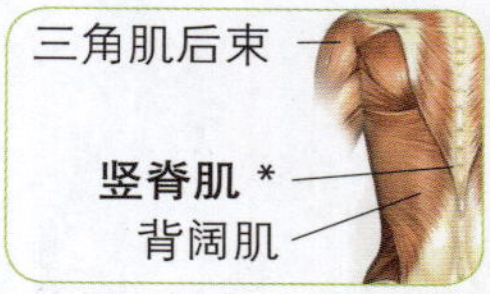

- 左髋放在弧形桶上，左前臂撑于地板上。右臂放在躯干右侧。
- 双足并拢，吸气，准备。
- 呼气时，双腿抬起至臀部高度。保持 1 次呼吸，然后放下双腿。
- 每侧重复 5 次。

437 单侧双腿交替抬升

右髋放在弧形桶上，右前臂撑于地板上。将左腿抬至臀高，然后抬右腿触碰左腿。落回，每侧重复 5 次。

438

侧卧剪刀式

右髋放在弧形桶上，右前臂撑于地面。左手放在髋部。吸气，收紧腹部。呼气时，将双腿抬至臀高，一腿向前摆动，另一腿向后摆动。继续剪刀式动作，做 5 次。

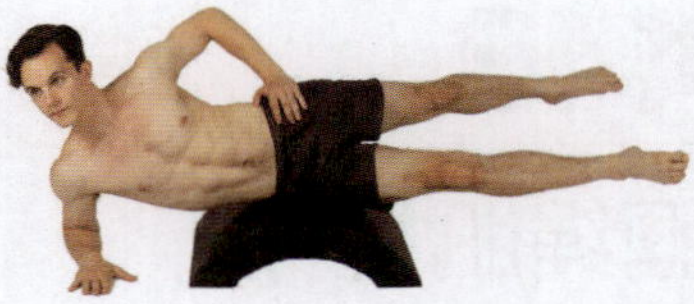

439

普拉提床上侧抬腿

右卧位躺在普拉提床上。左足套上拉力带，屈右膝，左手放在胸前。左腿上举指向天花板，然后下压。每侧腿重复 10 次。

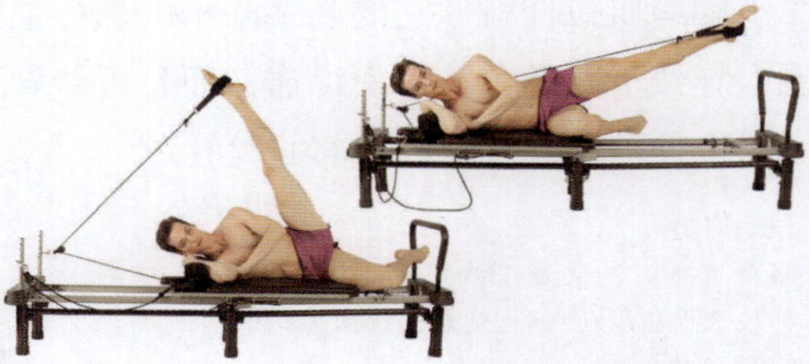

440

单腿普拉提床上绕环

右卧位躺在普拉提床上。左足套上拉力带，屈右膝。左手放在胸前。左腿上举指向天花板并完成 10 圈绕环运动。换腿重复。

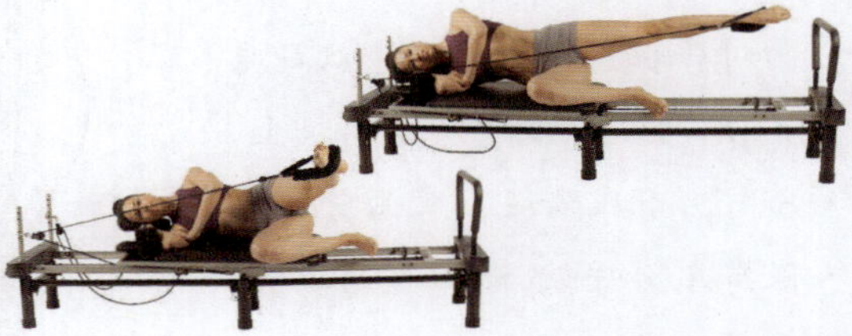

441

普拉提床单侧扫腿

右侧卧位躺在普拉提床上。左足套上拉力带，屈右膝，左手放在胸前。抬起左腿至臀高然后前后摆动。每侧腿重复 10 次。

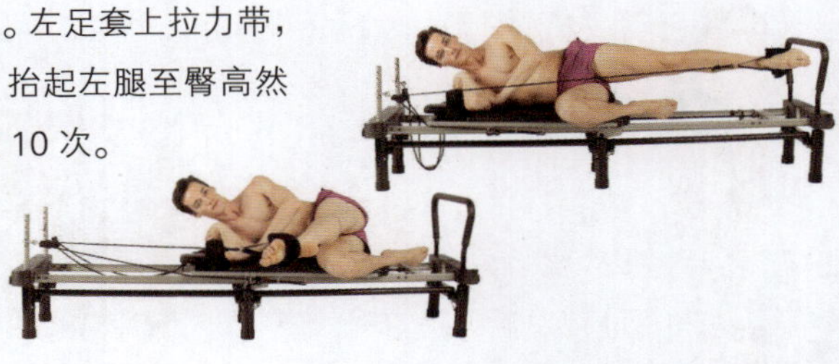

442

椅上单侧弓式

左髋放在普拉提椅子上。左手向下压踏板。右手放在枕后。双腿并拢抬至臀高。躯干向上弯曲并释放踏板上的压力。再下推踏板，每侧重复 5 次。

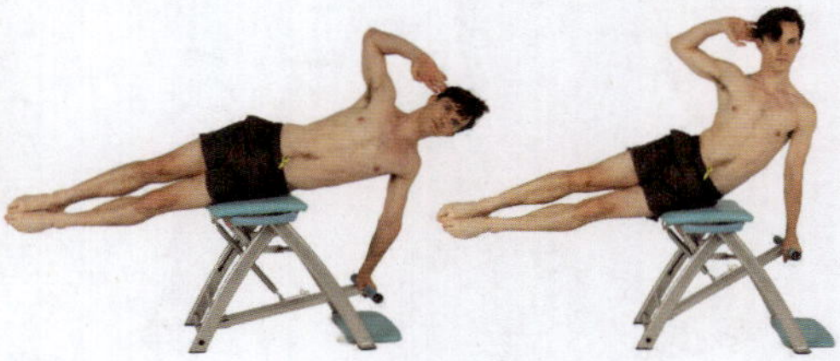

443

腘绳肌拉伸

腘绳肌拉伸就像它的名字暗示的那样：伸展腿后部的肌肉。腘绳肌紧张可能会导致下背部和膝后面疼痛，而且可能导致骨盆失去中立位。每周做几次腘绳肌拉抻可以保持腿和背部的柔软。

正确姿势

当您弯腰时，试着保持膝部伸直，保持伸展至少 20 秒，以达到最大效果。

注意

不要在伸展过程中上下弹跳。

- 面对普拉提椅子站立，双足呈 V 形。吸气，双手放在踏板上。
- 呼气，下压踏板，弯曲背部。
- 保持几次呼吸，返回起始姿势。重复 5 次。

注释

粗体字表示目标肌肉

黑体字表示其他工作肌肉

* 表示深层肌肉

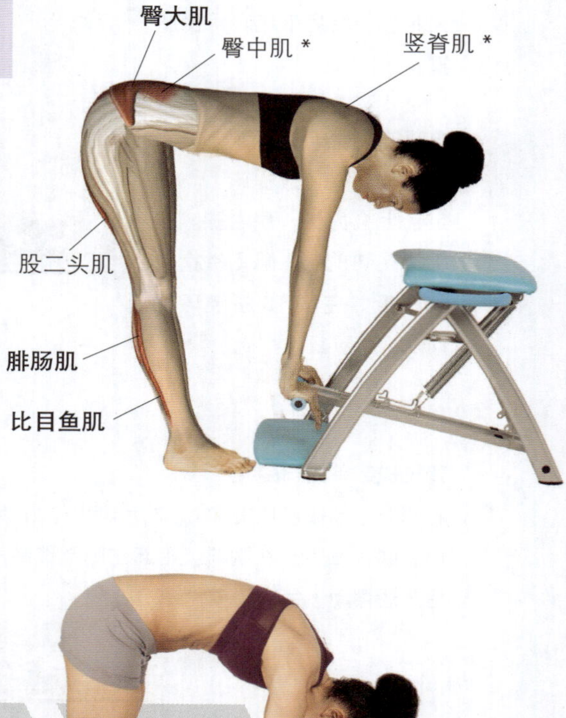

444 腘绳肌往返拉伸

面对普拉提椅子站立。双足靠近踏板。吸气，双手放在踏板上。呼气，拱起背部，下压踏板。上下往返 10 次，5 次吸气，5 次呼气。

445 腘绳肌静态拉伸

站在普拉提椅子的对面。双足靠近踏板。双手放在踏板上，降低头部触到椅座，双肘屈曲。下压踏板，保持躯干姿势。上下往返 10 次。

446 腘绳肌拉伸

在普拉提椅子旁放一箱子。漫步上箱，越过普拉提椅下推踏板。保持几次呼吸，返回起始位。重复 5 次。

447 椅上猫式

跪在普拉提椅上，双手触踏板。吸气并找到平衡。呼气，向下压踏板。返回起始位置，重复 3 次。

448 踏板腘绳肌拉伸

躺在地板上，双足放在普拉提椅的踏板上。收紧腹部，将背部压向地板。缓慢下压踏板，然后回到起始位置。重复 10 次。

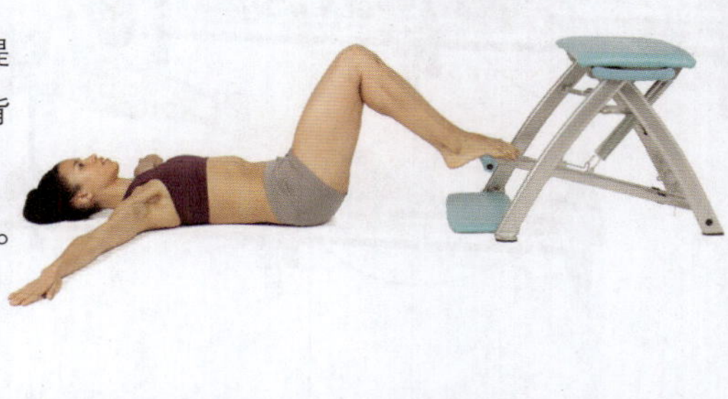

449

纵向拉伸

正确姿势
把肩胛骨向下拉。试着把肩部运动分离开。

注意
不要抬起臀部，使它和身体其他部分保持一条直线。

在这个练习中，你需要有足够的腹部力量来保持从头部到足跟在一条直线上。常进行拉伸运动还能锻炼你的手臂、肩部以及臀大肌、腘绳肌。这个拉伸训练需要精准专注和耐力。

注释
粗体字表示目标肌肉
黑体字表示其他工作肌肉
* 表示深层肌肉

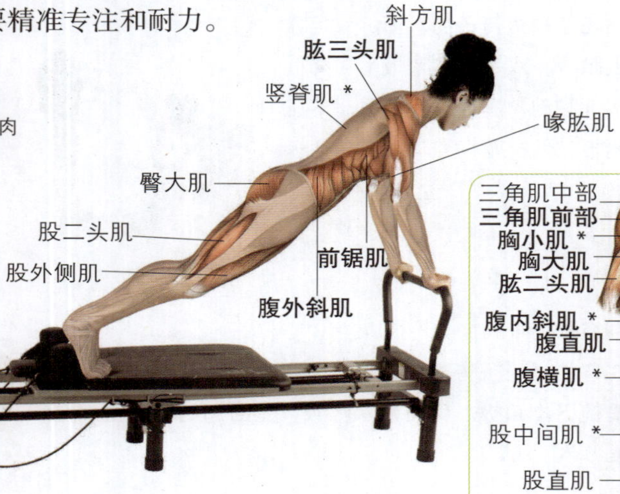

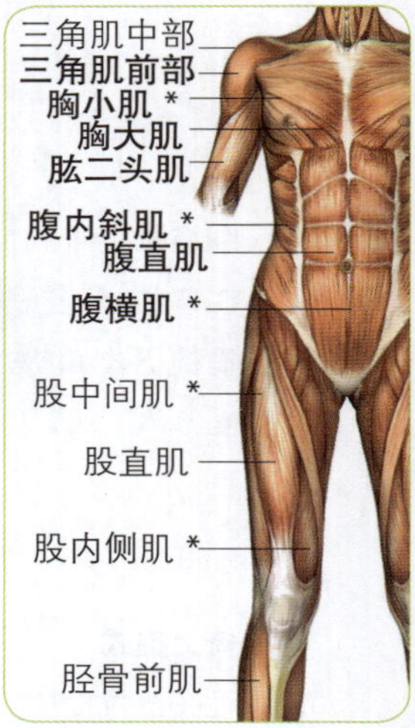

- 跪在普拉提床上。把手放在踏杆上与肩部同宽的位置。双足放在肩垫上。
- 吸气，收紧腹部，然后向后推平板。
- 呼气，降低身体保持平板状。保持身体从头到足呈一条直线。
- 重复 3 ~ 5 次。

450 单腿拉伸

跪在普拉提床上，双手放在踏杆上与肩部同宽的位置。双足放在肩垫上。右腿提起至臀部高度，吸气，将平板向后拉。从头到抬起的足之间保持一条直线。呼气，返回起始位置。重复5次。

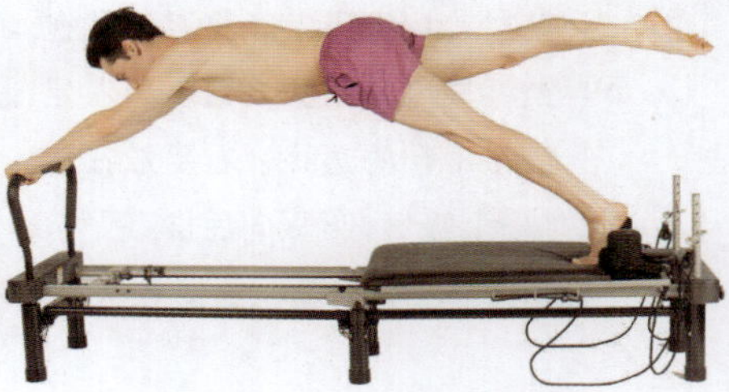

451 伸展训练

跪在普拉提床上，将手放在踏杆上与肩部同宽的位置。右足放在肩垫上。抬起左腿和右臂。吸气，将平台向后推。呼气，返回起始位置。双腿交换重复5次。

452 后背拉伸

把手放在身体背后普拉提床的踏杆上，足放在肩垫上。吸气，想象你的腹部盛满水，当你将平台向后推时，水向下滴。抬起臀部，从肩部到足踝形成一条直线。重复5次。

453 抬腿并后背拉伸

把手放在背后普拉提床的踏杆上与肩同宽的位置。足放在肩垫上。吸气，想象你的腹部盛满水，当你将平台向后推时，水向下滴。抬起臀部和右腿。返回起始姿势。重复5次。

454 牛式

站在普拉提床上。将双手放在踏杆与肩同宽的位置。将左足放在平台的边缘，右足放在肩垫上。吸气，平板向后推。呼气，返回。交替双腿，重复 5 次。

455 足跟象式

站在普拉提床上。将双手放在踏杆与肩部同宽的位置，足平放在肩垫上。吸气，将平台向后推。呼气，返回初始位置。交替双腿重复 5 次。

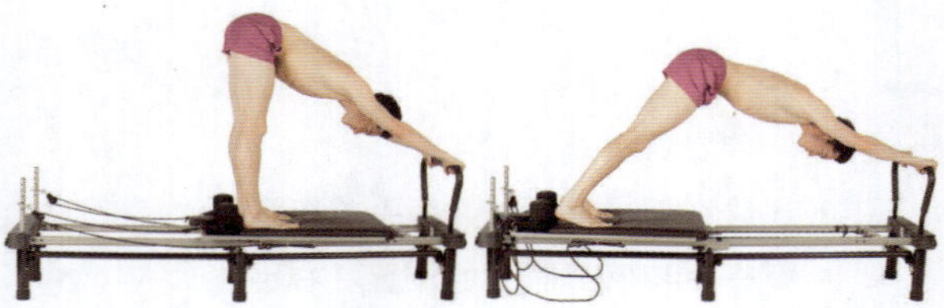

456 足趾象式

站在普拉提床上。将双手放在踏杆与肩同宽的位置，将足尖踩在肩垫上。吸气，将平板向后拉。呼气，返回初始位置。双腿交替重复 5 次。

457 阿拉伯象式

站在普拉提床上。将双手放在踏杆与肩同宽的位置，把足放在肩垫上。吸气，将平板向后推并抬起左腿。返回时呼气，将腿放下。每侧腿重复 5 次。

458 蛙式伸展

站在普拉提床上。将双手放在踏杆与肩同宽的位置。足趾分开，足跟并拢放在肩垫上。吸气，向外屈膝并向后移动平板。呼气，返回。重复 5 次。

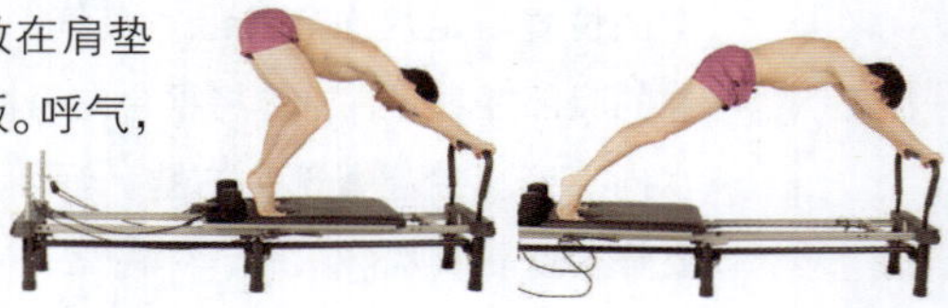

459

人鱼式扭转

普拉提床上人鱼式扭转需要同时进行单侧平衡、躯干扭转和滑板上推拉，需要专注和控制。人鱼式是一个非常棒的全身运动，主要以斜肌为目标。通过手臂和腿的动作来感受能量从体内释放。

正确动作
拉伸脊柱，保持肩部稳定，背部下沉。

注意
尽量不要使颈部紧张，不要使臂部下沉。

注释
粗体字表示目标肌肉
黑体字表示其他工作肌肉
* 表示深层肌肉

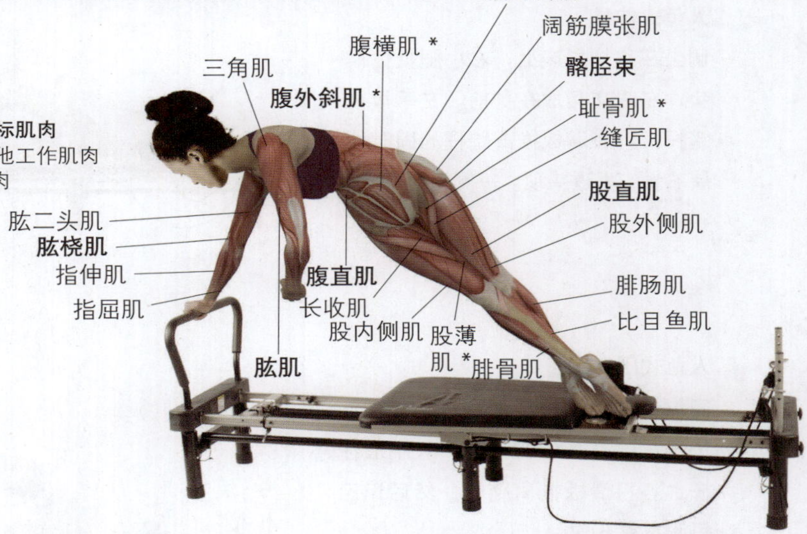

- 右侧身，坐在普拉提床上。足踝交叉。双足压在枕垫上。右手放在踏杆上。

  吸气，推动滑板的同时抬起臀部，左臂抬过头顶。
- 呼气，将躯干向右旋转，左臂向躯干下方做挖捞动作。
- 每侧重复 3 次。

460 弧形桶人鱼式

盘坐于地板上，左足置于臀下，右腿交叉放于身前，右侧放一弧形桶。双手举过头顶。躯干慢慢向右侧屈曲，腰部置于弧形桶侧面。逐步恢复起始姿势。每侧重复 5 次。

461 人鱼式伸展

侧坐在普拉提床上，右小腿抵住肩垫，左腿交叉放在身前。左手放在踏杆上。将滑板推离踏杆的同时伸展右臂，举过头顶。每侧重复 5 次。

462 人鱼式压肩

侧位坐在普拉提床上，右小腿抵住肩垫，左腿交叉放在身前。双手放在踏杆上。将滑板推离踏杆，然后返回。每侧重复 5 次。

463 人鱼式抬起

左臀部坐在普拉提床上，足踝交叉，双足抵住肩垫。左手放在踏杆上。吸气，当推动滑板时抬起臀部，同时右臂抬过头顶。呼气，恢复起始姿势。每侧重复 3 次。

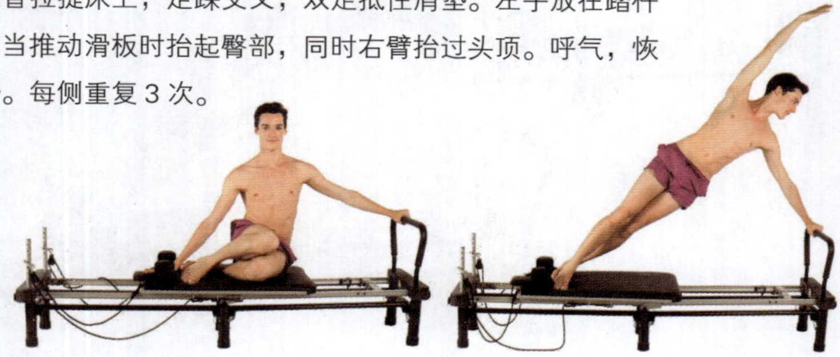

464 侧弯坐

侧位坐在普拉提椅子上，左手放在踏板上。呼气，向下压踏板，同时右臂伸过头顶。恢复到直立姿势，每侧重复 5 次。

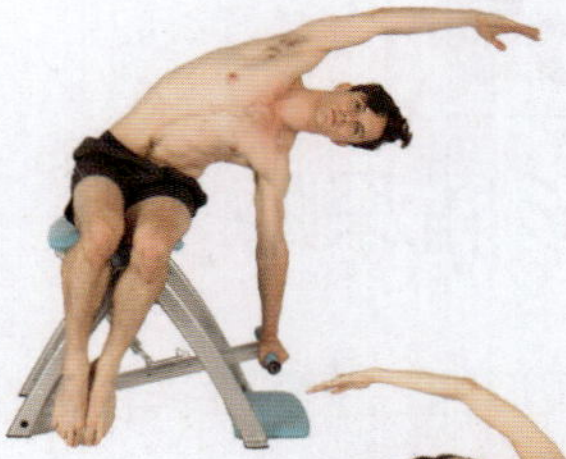

465 椅式侧弯

跪在普拉提椅子旁边。右手按下踏板，左臂伸过头顶。返回起始位，每侧重复 5 次。

466 坐姿扭转

坐在普拉提椅子上，双腿前伸，双臂向两侧伸展。左手在身后握踏板并向下按压，同时躯干左转，右臂伸过头顶。恢复到起始坐姿，每侧重复 5 次。

467 星星起

侧身坐于普拉提床上。足踝交叉，抵住肩垫，左手握踏杆。吸气，随着滑板推离踏杆，抬起身体，同时右臂和右腿向上伸展。下落回位，每侧重复 3 次。

468 单臂侧伸展

坐在普拉提床上，足在肩垫之间。左手放在身后的踏杆上。吸气，推开滑板扭转躯干，右臂伸过头顶。返回起始位置，每侧重复 5 次。

469

弧形桶深蹲

弧形桶上下倒置来做这个富有挑战性的桶式蹲坐。和所有的蹲姿练习一样，这个练习可以锻炼臀大肌和股四头肌，但是弧形桶上的练习增加了平衡挑战。当你集中精力保持平衡时，深蹲就会发展骨盆的稳定性。

正确姿势

拉长脊柱，肩胛下拉。用足跟支撑体重。

注意

下蹲时，膝盖不要超过足。

注释

粗体字表示目标肌肉

黑体字表示其他工作肌肉

* 表示深层肌肉

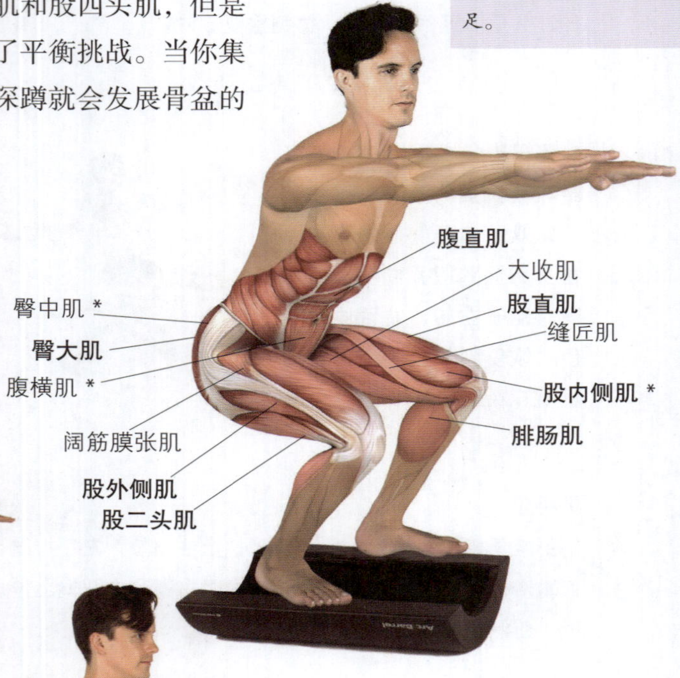

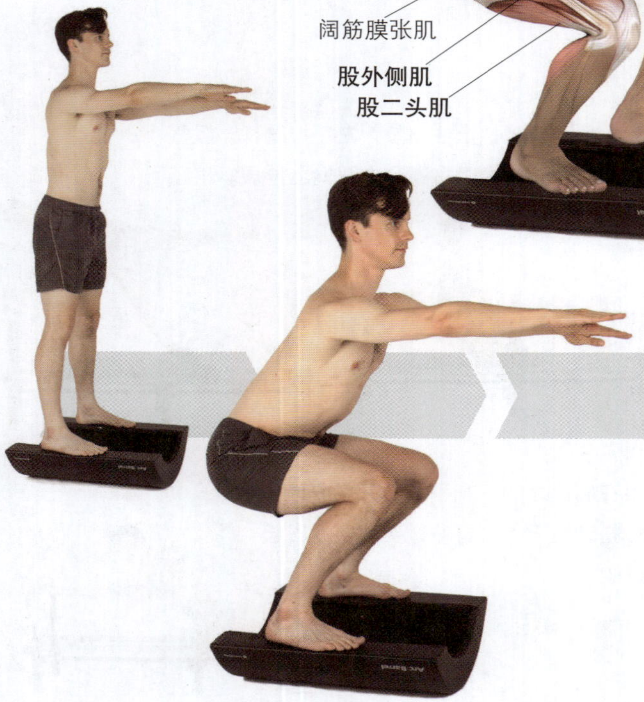

- 站在倒置的弧形桶两边。双臂向前伸展，吸气，身体微微前倾。
- 呼气时，将骨盆微微后拉，然后慢慢屈膝。
- 收紧臀部，返回站立位，重复 10 次。

470 腿部下蹲

腿部下蹲训练需要精准的动作和大量的平衡，这个练习增加了臀部屈肌的运动范围并能伸展腘绳肌。

身心结合

绝大多数的普拉提练习需要全神贯注，完成这些练习有益身心，并可提高你对身体的认识。约瑟夫·普拉提认为，控制需要“身体、思维和精神的完全协调”，而协调则会带来更好的整体健康和幸福。

- 手放在普拉提椅上，左足踩在踏板上。
- 右膝屈曲，右腿在椅子上保持弯曲。
- 左足踩下踏板。返回起始位，每侧重复5次。

471 弧形桶扭转深蹲

踩在倒置的弧形桶的两边，手臂放在躯干两侧。吸气，身体微微前倾。呼气时，骨盆微微向后拉，然后慢慢屈膝，同时躯干右转，双手伸至右足。收紧臀部，返回站立位。每侧重复5次。

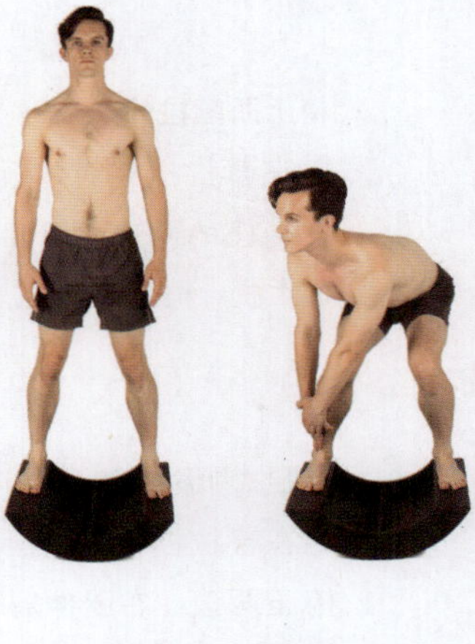

472 肌腱拉伸

站在普拉提床滑板的边缘，躯干前屈。将手伸到身后的踏杆上。降低臀部时，将滑板向前推，体重支撑从足转移至手。返回起始位，重复5次。

473 举腿式肌腱拉伸

举腿式肌腱拉伸可以锻炼臀部肌肉，同时拉伸腘绳肌和跟腱。有意识的缓慢运动可以获得最大益处。

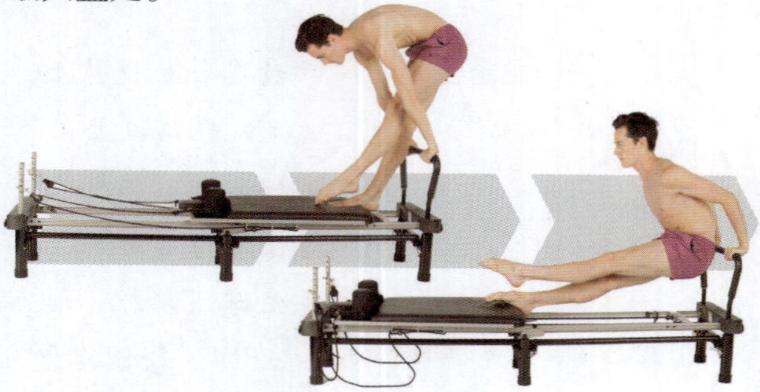

关节活动度
普拉提的目的之一是提高关节的活动度。关节（骨骼之间的连接）由肌肉、韧带和软骨构成。每次屈曲或扭转，关节内滑液就会润滑和滋养关节。良好的关节活动度可以预防僵硬和损伤。

- 站在普拉提床滑板的边缘，躯干前屈。手放在身后的踏杆上。
- 轻微抬起左腿，将滑板向前推，同时降低臀部，体重从右足转移至双手。
- 返回起始位，每侧重复5次。

474 椅上肌腱拉伸

站在普拉提椅的踏板上，双手放在椅座的两边。臀部随踏板升起而上提，再下推踏板。重复10次。

475 举腿式肌腱拉伸

站在普拉提椅的踏板上，双手放在椅座两边。右腿伸展至体侧，臀部随踏板升起而上提，再下推踏板。每侧重复5次。

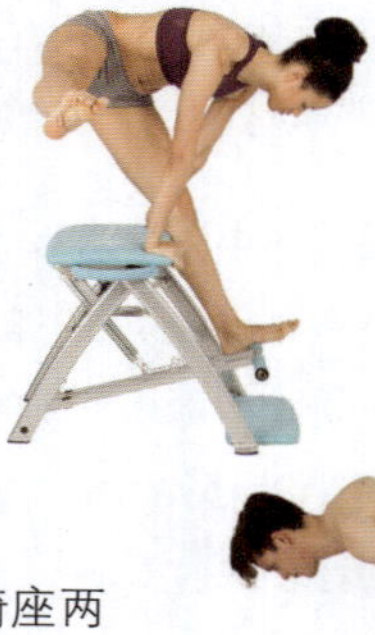

476 伸腿式肌腱拉伸

右足放在普拉提椅的踏板上。双手放在椅座两边。左腿向身后伸展。臀部随踏板升起而上提，再下推踏板。重复10次。

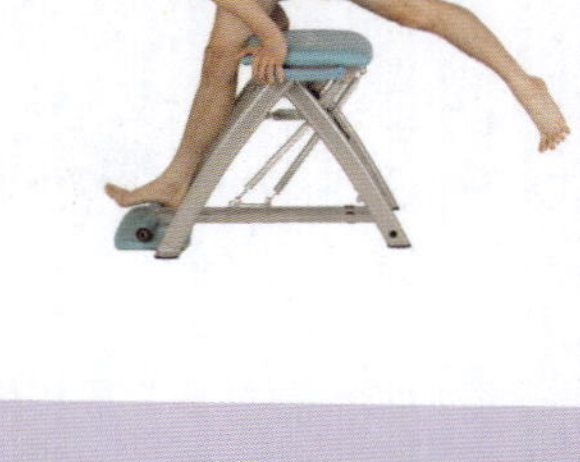

477

普拉提床胸部前拉训练

普拉提床胸部训练可加强胸部和臂部力量。对于更复杂的划船训练，胸部前拉训练是一个很好的预备式。

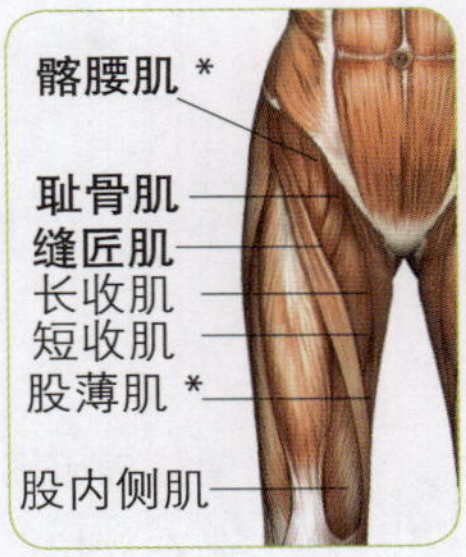

正确姿势

胸大肌前推双臂，肩部下沉。

注意

返回时不要收紧肩部。

注释

粗体字表示目标肌肉

黑体字表示其他工作肌肉

* 表示深层肌肉

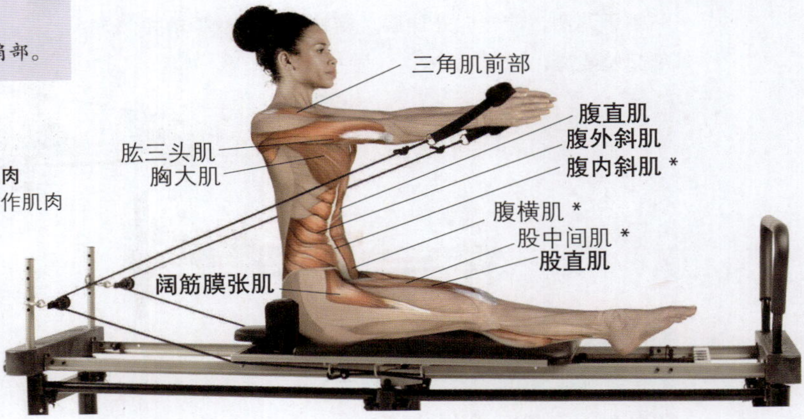

- 坐在普拉提床上，腰部靠在肩垫上。
- 双手握拉力带，屈肘，双手贴紧胸前。
- 通过肩部前推双臂，至手臂与肩同高。
- 返回起始姿势，重复10次。

478 普拉提床抱树式

坐在普拉提床上，腰部靠在肩垫上。双手握拉力带，两臂向两侧伸展至肩部高度，掌心朝前。像抱树一样将手臂向前拉，指尖在身前碰触。恢复起始姿势，重复 10 次。

479 普拉提床肩部旋转训练

坐在普拉提床上，腰部靠在肩垫上。双手握拉力带，肘贴躯干两侧，前臂向外伸展。旋转肘部，双手前拉。恢复起始姿势，重复 10 次。

480 普拉提床基础划船训练

坐在普拉提床上，双足放在枕垫上。双手握拉力带，向前伸展至腰部高度。双臂回拉并将双手拉向胸部。恢复起始姿势，重复 10次。

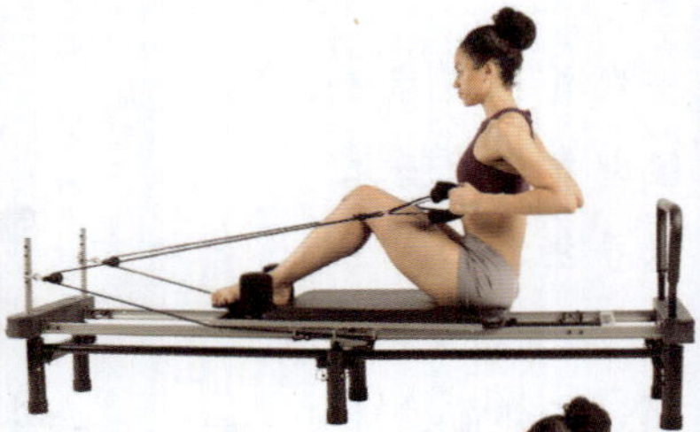

481 耸肩训练

坐在普拉提床上，双手握拉力带。向前伸展至腰部高度。向上耸肩，保持双臂向前伸展。将肩部上下耸起 10 次。

482 普拉提床划船 1 式

坐在普拉提床上，腰部靠在肩垫上。双手握拉力带，屈肘，双手抬至胸前。用平缓的动作通过肩部尽力向前下方推，同时手臂向上画圈。恢复起始姿势，重复10次。

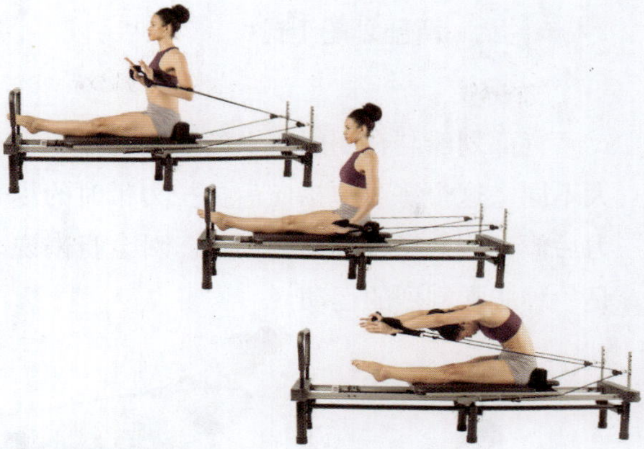

483 普拉提床划船 2 式

坐在普拉提床上，腰部靠在肩垫上。双手握拉力带，屈肘，双手抬至胸前。用平缓的动作通过肩部向前推，放下手臂，再向上画圈。恢复起始姿势，重复10次。

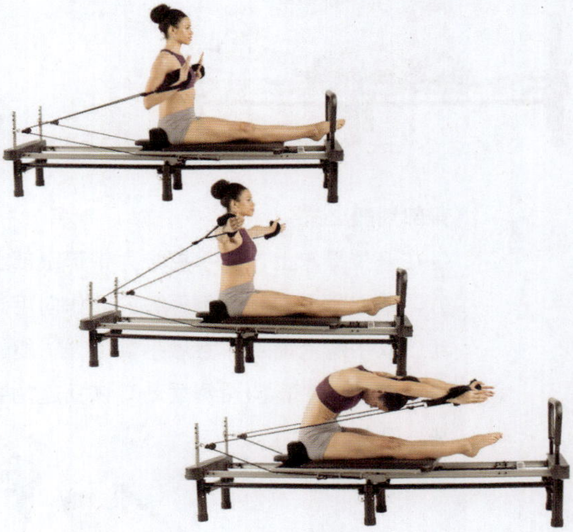

484 普拉提床高肘位划船

坐在普拉提床上，双手在肩部高度握拉力带。手臂向后拉，保持在肩部高度。恢复起始姿势，重复10次。

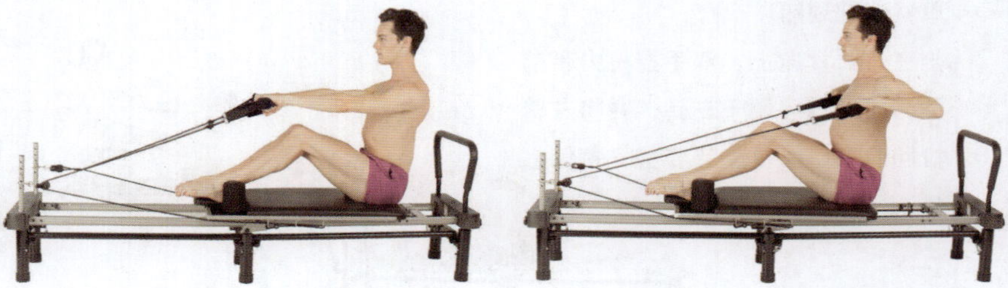

485 背部划船 1 式

背部划船与在划船机上的划桨动作有很大不同。这个练习包括向后拉拉力带时的尽力后倾、侧向摆臂和前倾动作。对全身来说是一种非常剧烈的运动。

- 坐在普拉提床上双手握拉力带于胸前，掌心朝下。
- 用平缓的动作，向后滚动，保持双手在胸前，然后张开双臂，身体向前滚动，同时手臂摆动至身前。
- 恢复起始姿势，重复 10 次。

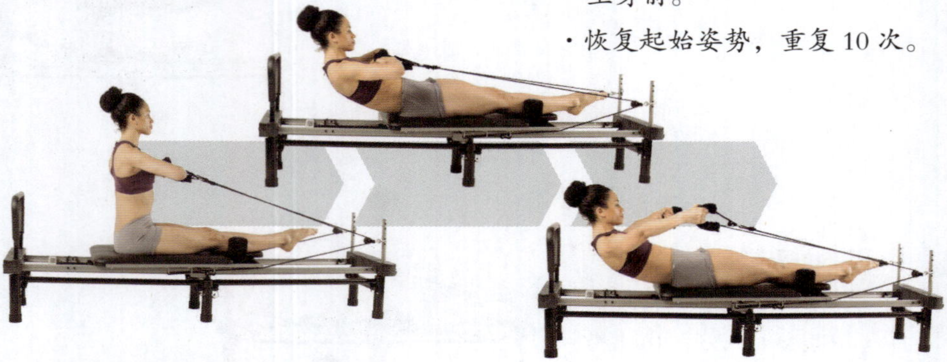

486 背部划船 2 式

坐在普拉提床上，双手握拉力带于眼部上方，掌心朝向前额。用平缓的动作向后滚动，双手贴紧面部。然后手臂上伸，躯体向前滚动，手臂向两侧摆动。恢复起始姿势，重复 10 次。

487 单臂背部划船

坐在普拉提床上，双手握拉力带前伸与腰同高。躯干左转，并将左臂拉回胸前。恢复起始姿势，每侧重复 10 次。

488

肱三头肌协调训练

肱三头肌协调训练远不止锻炼肱三头肌。这个练习的大部分时间，头颈部和腿都会抬高，这样腹肌也会得到很好的锻炼。

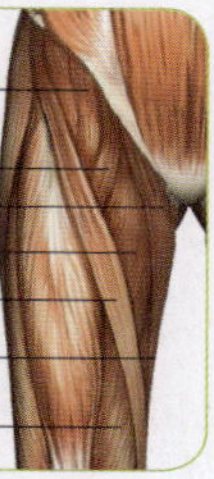

注释

粗体字表示目标肌肉

黑体字表示其他工作肌肉

* 表示深层肌肉

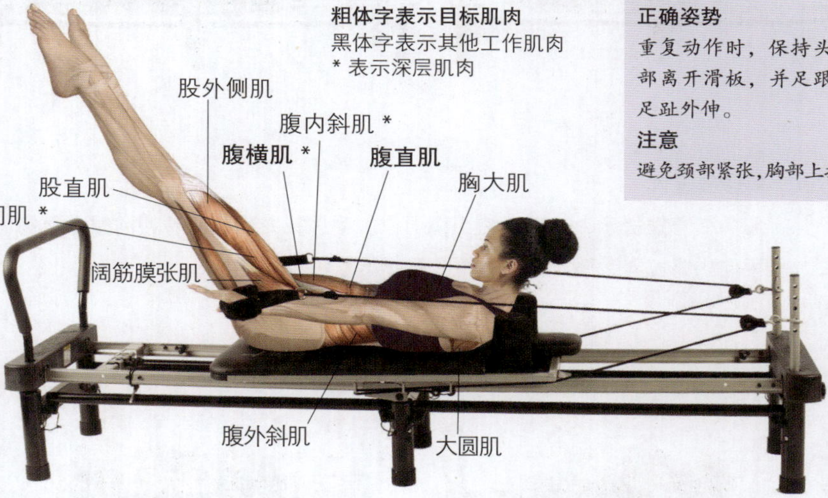

正确姿势

重复动作时，保持头颈部离开滑板，并足跟、足趾外伸。

注意

避免颈部紧张，胸部上抬。

- 躺在普拉提床上，双腿抬至桌面位置。手握拉力带，肘部放在滑板上。
- 吸气，抬起头颈部。将腿抬高至45°，同时双手向前推。
- 分开双腿，然后互相轻拍3次。
- 腿回到桌面位，重复5次。

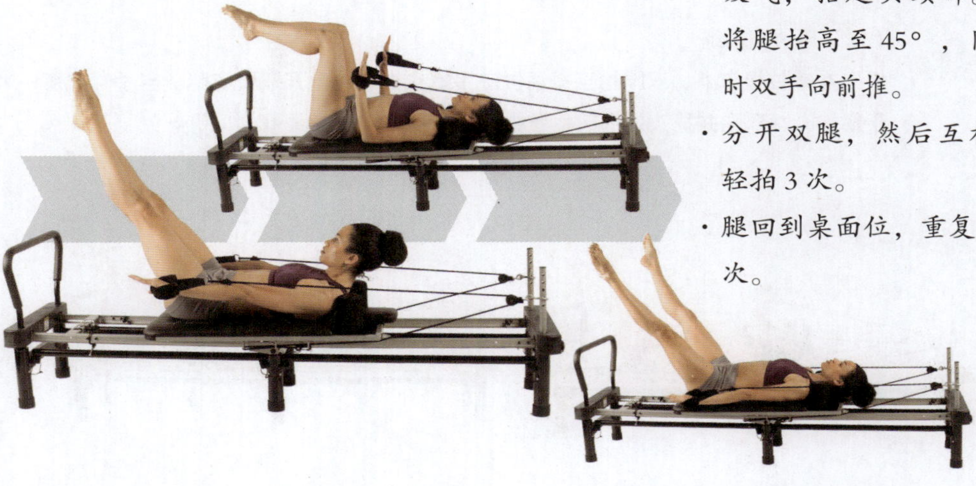

489 直臂下压训练

仰卧在普拉提床上，双腿抬至桌面位。手握拉力带，双臂垂直上举。手臂下拉至躯干两侧，保持双腿在桌面位。返回起始位，重复 10 次。

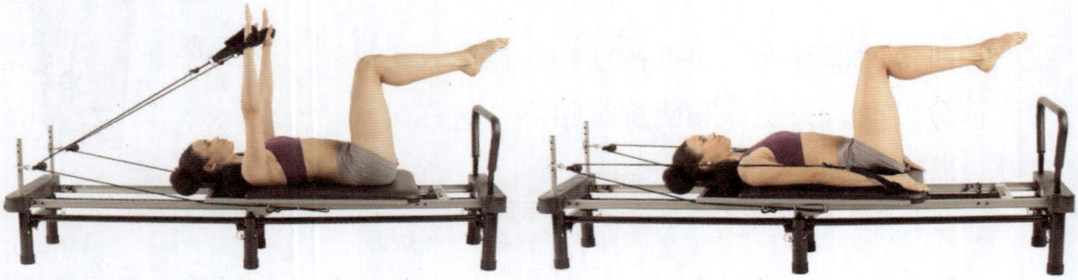

490 T 形下压

仰卧在普拉提床上，双腿抬至桌面位。手握拉力带，双臂伸向躯干两侧。然后将手向内侧拉向臀部。返回起始位置，重复 10 次。

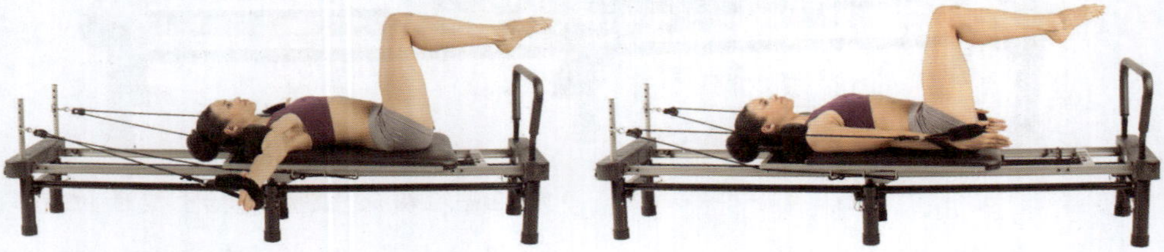

491 T 形下压协调训练

仰卧在普拉提床上，双腿抬至桌面位。手握拉力带，分开双臂和腿。当手臂向躯干靠拢时，双腿并拢头颈部向上卷曲。返回起始位，重复 10 次。

492 反向 T 形上举

仰卧于普拉提床上，双腿抬至桌面位。手握拉力带，双手放于身体两侧，双臂向外伸展至肩高。返回起始位置，重复 10 次。

493 普拉提床双臂上举

仰卧在普拉提床上，双腿抬至桌面位。手握拉力带，双手放于躯干两侧。双臂上举指向天花板。返回起始位置。重复 10 次。

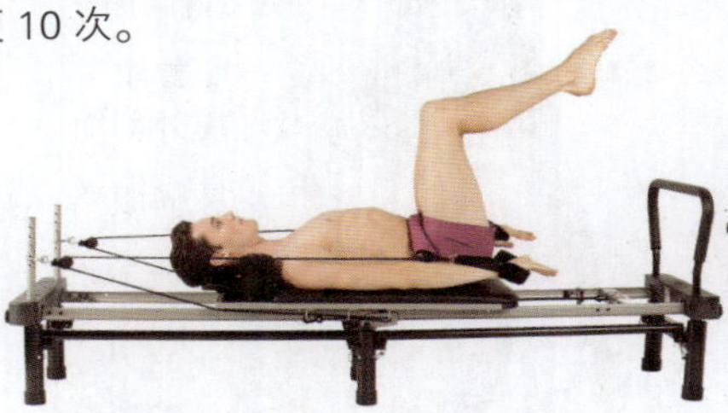
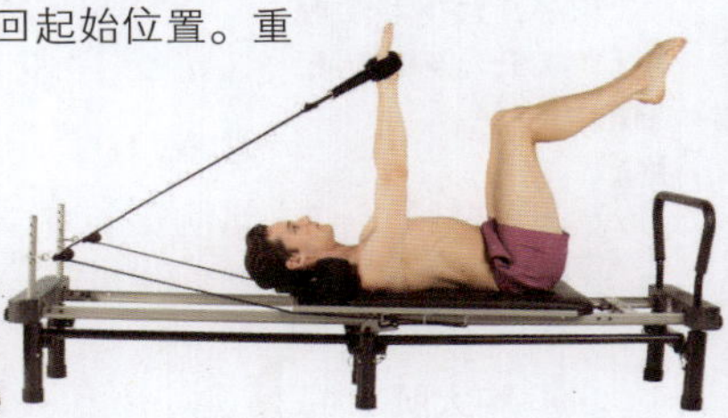

494 手臂旋拉

仰卧在普拉提床上，双腿抬至桌面位。手握拉力带，双手放于臀部。双臂外展，然后向上伸展右臂，缓慢返回外展位。换左臂重复。两侧交替，重复 10 次。

495 肱三头肌屈伸训练

跪在普拉提床上，使胸部贴紧大腿。手握拉力带放在大腿旁，保持背部伸直，向后伸展手臂。返回起始位，重复 10 次。

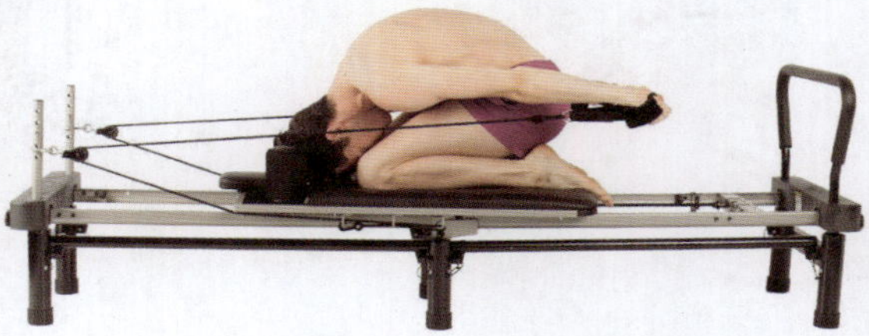

496

椅式下压

椅式下压调动你的肱三头肌、肱二头肌和胸部肌肉。在这个练习中，坐在普拉提椅的踏板上有助于你完成动作，这样臀大肌和股四头肌也会得到锻炼，根据需要调整弹簧以满足所需阻力。

注释
粗体字表示目标肌肉
黑体字表示其他工作肌肉
* 表示深层肌肉

正确姿势
打开胸部，向下移动时将肘部收紧。抬起下颌，凝视前方。
注意
不要耸肩。

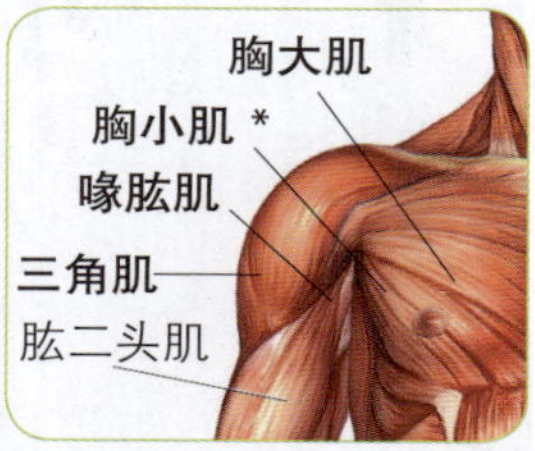

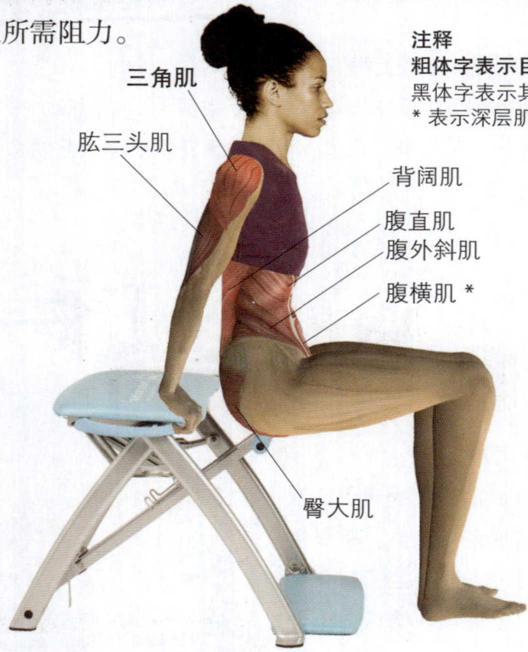

- 坐在普拉提椅的踏板上，双手放在椅座前缘。
- 吸气，用臀肌下压踏板。同时右腿向前伸展。
- 恢复起始位置，换腿重复。重复 10 次。

497 踏板下压

双手放在普拉提椅座上，足趾放在踏板上。两足跟贴近，足趾向外呈V形。吸气，踩下踏板。双膝随身体下落屈曲向外。撑起，重复10次。

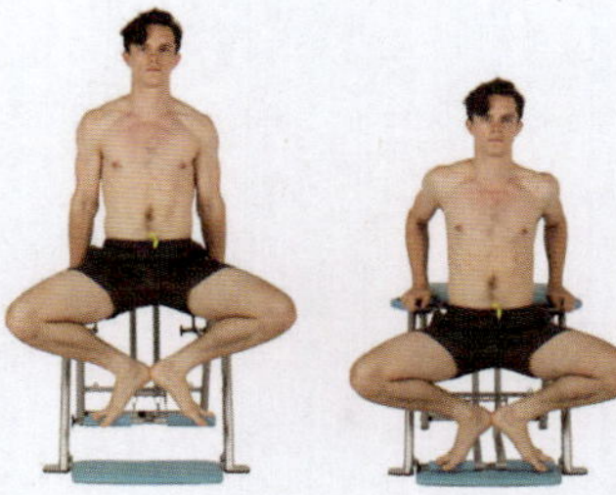

498 蛙式下压

坐在普拉提椅子的边缘，抓紧扶手。双足放在踏板上并将足趾摆成V形。吸气，踩下踏板，保持躯干稳定。撑起，重复10次。

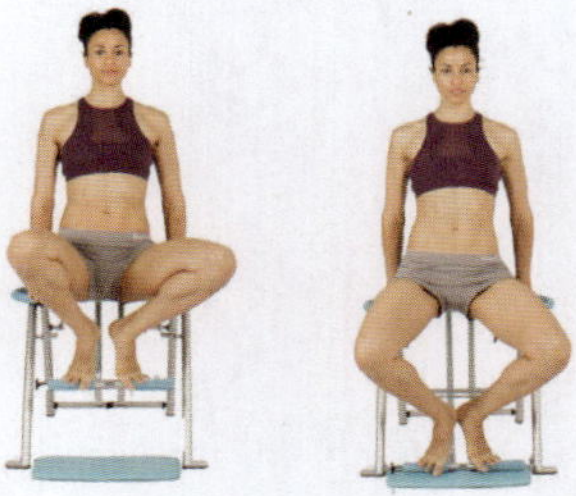

499 箱式肱三头肌训练

背靠普拉提椅，坐于箱上，双手放在背后的踏板上，向下压踏板。双手交替进行，重复10次。

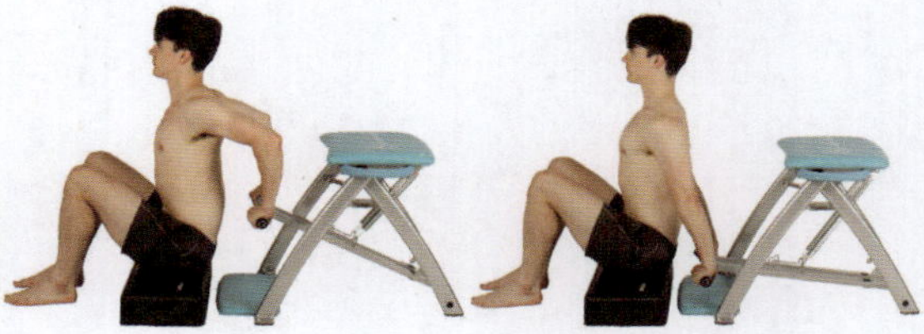

500 肱三头肌交替踏板

背靠普拉提椅，坐于箱上，双手放在背后的踏板上。一次向下压一侧踏板，双手交替进行，重复10次。

501 背部伸展下压

坐在普拉提床滑板边缘，手扶身后踏杆。收紧腹部，抬起躯干，同时推离滑板。向下倾斜5次，然后回到起始位置。